图书馆阅读推广活动
理论与方法

陈 鸿◎著

北方文艺出版社

哈尔滨

图书在版编目(CIP)数据

图书馆阅读推广活动理论与方法 / 陈鸿著 . -- 哈尔
滨 : 北方文艺出版社, 2022.5
ISBN 978-7-5317-5559-3

Ⅰ. ①图… Ⅱ. ①陈… Ⅲ. ①公共图书馆 – 读书活动
– 研究 Ⅳ. ①G252.17

中国版本图书馆CIP数据核字(2022)第080839号

图书馆阅读推广活动理论与方法
TUSHUGUAN YUEDU TUIGUANG HUODONG LILUN YU FANGFA

作　者 / 陈　鸿
责任编辑 / 周洪峰　　　　　　　　　封面设计 / 左图右书

出版发行 / 北方文艺出版社　　　　　邮　编 / 150008
发行电话 / (0451)86825533　　　　　经　销 / 新华书店
地　址 / 哈尔滨市南岗区宣庆小区1号楼　网　址 / www.bfwy.com
印　刷 / 湖北诚齐印刷股份有限公司　　开　本 / 787mm×1092mm　1/16
字　数 / 157千　　　　　　　　　　　印　张 / 12
版　次 / 2022年5月第1版　　　　　　印　次 / 2022年5月第1次印刷
书　号 / ISBN 978-7-5317-5559-3　　定　价 / 57.00元

作者简介
AUTHOR

　　陈鸿,女,1981年11月出生,2006年6月毕业于中山大学中国语言文学系语言学及应用语言学专业,全日制硕士学位及硕士学历。2009年7月进入海珠区图书馆工作,已从事专业工作满12年,现任广州市海珠区图书馆活动部主任。2018年3月取得图书资料馆员资格。先后在图书馆采编部、流通部、活动部等业务部门任职,从事过图书推荐、借还及整理、参考咨询等工作,主持读者活动的策划、组织等工作,并在读者服务、读者活动等工作中发挥骨干作用,具备了较为丰富的图书馆专业工作经验和较强的工作能力;敢于迎难而上,解决难题,完成多项大型阅读推广活动的策划执行工作,取得较好的成绩。

前 言
PREFACE

　　阅读是人类的一种高级认知行为,是人类认识世界、获取知识、增长智慧和提升能力的重要手段和方式,也是一个国家和民族历史与文明传承的重要途径。高尔基曾说过:"书籍是人类进步的阶梯。"我国民间也有"忠厚传家久,诗书继世长"的格言。阅读既是中华民族的优良传统,同时也是世界文明的发展根基,它在人类的发展史上扮演着重要的角色。

　　随着全球网络化的发展,人们获取信息的途径不断扩展,阅读习惯也随之发生改变,阅读已从"纸媒时代"的线性阅读逐渐进入以新媒体阅读为主流的"大阅读时代"。图书馆作为社会阅读的重要载体,只有加强阅读推广工作,才能发挥其提高公民整体素质、推动公益文化建设的作用。全民阅读作为一项有益于大众的社会活动已经得到社会的普遍认可,公共图书馆作为一个服务机构,其所实施的各种服务给全民阅读提供了优良的机构和平台。全民阅读的实施是势在必行的,也是必须持续进行下去的,对于图书馆来说,更应该加大自身的服务体系建设与阅读推广力度,积极为全民阅读提供有效的服务平台。

　　近年来,图书馆对阅读推广的重视度越来越高。图书馆不断强化服务功能,开展各种阅读推广活动,利用活动的黏性来提高读者的参与度。多元化的阅读推广方式也让阅读更受关注,很多图书馆为了拉近图书馆与读者之间的距离会通过抖音、微信、微博等平台宣传阅读推广活动,吸引更多读者的关注,继而起到良好的宣传和推广效果。图书馆在阅读推广过程中也会不断完善馆藏文献资料,以读者需求为中心去寻求更高质量的服务。

一方面,有利于图书馆转型升级,推进全民阅读良性发展。互联网时代,大众阅读方式发生了重大的转变,阅读形式更加丰富化,阅读时间更加随意化、碎片化。对此,图书馆以大众阅读需求为参考,以自身情况为依据,利用信息技术全面加强阅读推广、提高阅读服务质量,确保读者获得人性化、个性化的阅读体验,为图书馆的转型提供助力和参考。在新时代,全民阅读是一项重要的文化建设工程,图书馆作为文化主阵地,有不可推卸的文化使命和责任,以加强大众阅读为目标强化阅读推广,为促进全民阅读、提高阅读推广效果奠定可靠基础。

另一方面,有利于满足读者阅读需求,符合新时代发展理念。新时代,大众阅读的媒介更加丰富多元,特别是电子阅读器的应用为阅读提供了便利条件,使读者能随时随地阅读。在新冠肺炎疫情影响下,线上阅读人数激增,图书馆借助全媒体技术增强读者阅读体验,以多元化渠道增强阅读推广力和影响力。同时,众多图书馆推出了24小时智能借阅服务,既实现了免押金阅读,降低了阅读入门门槛,也解决了阅读供需不平衡问题。

图书馆阅读推广活动对激发民众的阅读意识,提升民众的文化涵养具有积极的现实意义。为提升民众的综合素质能力,图书馆必须充分发挥自身的功能和效用,践行自身的责任和义务,不断保证民众的阅读权益。通过及时转变工作观念,探索读者阅读兴趣和需求,以及深入研究服务模式,不断构建完善的阅读推广理论体系,从而实现阅读推广的价值作用。

目 录
CONTENTS

第一章 概论

第一节 建设全民阅读社会的背景

书籍是人类进步的阶梯，读书是获取知识、认识世界的行为，是人类文明传承和创新的重要途径。从人类文明发展史来看，全民阅读是开启民智、启蒙思想、促进文化建设的基础性工程。阅读承担着民族文化振兴、提高国民素质和国家文化软实力的时代使命，倡导和推广国民阅读已成为许多国家重要文化发展战略。[①]

1972年，联合国教科文组织向全世界发出"走进阅读社会"的号召，并在1995年正式确定"世界读书日"，至今已有超过100多个国家和地区参与此项活动，多措并举，积极推进全民阅读。20世纪90年代，美、英、日等国开始大力推动全民阅读，通过立法、读书活动等不同形式来促进全民阅读。在中国，倡导国民阅读也一直受到国家层面的高度重视。20世纪80年代的"振兴中华读书"活动、90年代的"中国青少年新世纪读书计划"和"知识工程"都产生了广泛的社会影响和良好效果。自2006年起，由中宣部等11部委联合倡导的全民阅读活动战略意义日益凸显，全民阅读已上升至国家战略的高度，成为实现文化强国战略的重大支撑性工程。

经过多年的持续推动，全民阅读活动方兴未艾，社会影响日益广泛和深入，进一步彰显了推进全民阅读对国家文化引导和建设的战略意义。全民阅读活动的蓬勃兴起和发展也促进了阅读研究，围绕全民阅读展开的理论研究与实践探索正在掀起新一轮的研究热潮，取得了阶段性的可喜成果，但是研究中也存在着一些不足，有必要探索面向新时代的理论与实践创新之路。为促进全民阅读的常态化和多元化发展，有必要对现阶段研究

①柯平. 公共图书馆的文化功能在社会公共文化服务体系中的作用[M]. 上海：上海交通大学出版社，2010.

动态进行系统整理和评析,以期为今后一段时间内更好地推动全民阅读发展提供理论参考和行动指南。

一、文献来源及相关说明

(一)文献来源及分析方法

从中国知网(CNKI)的检索结果可知,有关全民阅读研究综述已有多篇,除了针对专题活动和会议的综述报道外,国内已有全民阅读综述类文章均采用文献计量方法,从机构、作者、年份、期刊、关键词等角度对全民阅读开展量化分析和评价。通过对这些文章的结构框架和行文特点进行归纳和比较可知,已有研究更多地侧重于揭示文献计量特征,文章中较大篇幅用于描述和分析不同维度下研究成果的分布特征,对文章主题内容的挖掘和整合力度不够深入。

部分文章虽涉及内容分析,但仍然存在一定的局限性和不足之处,如检索时间较早以至于不能全面反映最新研究动态、部分研究的数据来源全面性和代表性不足、初始数据未做清晰以至于主题分类缺位;在总结和讨论部分,宏观指向和泛泛而谈较多,鲜有综述文章提出具体、明确的未来研究方向及趋势。分布特征和主题内容是文章的表里关系,不应偏废其一。鉴于此,本研究旨在深度挖掘与整合文章的主题内容,力求构建一个结构完整、主题明确的全民阅读研究内容分析框架。

为确保文献来源的全面性、学术性和代表性,经过多次预测试和比较,本研究以"全民阅读""国民阅读"为主题词检索CNKI学术期刊数据库,来源类别为"核心期刊"和"CSSCI"。一般情况下,文献数据的预处理是在数据采集之后进行,鉴于全民阅读研究的跨学科性等特点,仅从数据集合中的题名来进行数据清洗是不够的,需要在数据下载之前从题名和摘要进行双向研判。初次检索结果中包含冗余题录,剔除未署名的题录,然后从题名、摘要等元数据的角度分析结果是否符合检索目标,删除新闻、采访、通知、启事、会议录、活动记等非学术论文以及增刊论文。对题名和摘要的综合考察发现,部分文章虽被检索出来,但文章主旨和内容并非属于全民阅读主题范畴,这部分题录也应剔除。

在研究方法和分析路径上,本研究采用自下而上的主题分解和整合策略,按照理论与实践相融合的建构思想,归纳和提炼出分类主题。首先,对采集到的文献题录进行数据录入,按照题名和摘要相匹配的原则,参照但不受限于原文关键词,并根据主题词的语义关系和关联逻辑,对部分关键词进行重新整合,形成新的主题词(二级维度);其次,根据相同的原则和操作标准,形成分类主题(一级维度);再次,对涉及不同主题的同一篇文章进行二次考察,归入不同的一级维度,实践案例也作相应处理;最后,分类评述、总结并提出未来展望。其中,核心主题词的排序以语义关系和关联逻辑为标准,而非出现频次,部分主题词还涉及不同的分类主题。

考虑到实践进展还在图书馆网站及其他媒体报道中有揭示,也为体现全民阅读实践特色与有益经验,本研究在文献来源方面还将适当搜集网络文献以充实整体研究。

(二)文献分布概况

从时间分布来看,我国全民阅读研究的年度文献量一直处于上升趋势,特别是在2015年出现了快速增长点,进入高速发展期。回溯年度时区内与全民阅读相关的大事件,发现全民阅读研究热潮的到来与政策导向有密切关联,这说明国家战略对于促进全民阅读的研究起到重要推动作用。从作者分布来看,除了部分短文和书评外,我国全民阅读研究的主要力量来自新闻出版科研机构、高校院系(所)、有关管理部门及图书馆领域。从作者分布的数量结构来看,仅发表1篇核心期刊论文的边缘作者比例超过82.3%,而发文量超过10篇的仅有1人,但该作者发表的短评类文章较多(且无关键词)。从载文期刊的分布特征来看,图书情报和出版编辑领域的专业期刊相对活跃,这种分布格局也在一定程度上反映了我国全民阅读研究的力量分布态势和知识来源媒介。

二、主题融合与分类评述

(一)全民阅读实践的理论基础

从主题衔接和结构特征双向维度考察,全民阅读理论基础研究尚未形成体系化结构,而且在理论体系中,理论"舶来品"占据主流地位,很少有学者关注中国传统文化的理论精髓与思想源泉。有学者指出,对全民阅读的研究,实质上就是对其价值哲学的思考,认为全民阅读是一种主体(全体公民)以自发秩序为基础的价值选择过程,因此,倡导价值哲学可作为全民阅读的理论基础。这一论断的理论内涵实际上反映出了公民对阅读的价值判断与文化追求,这种选择的内生逻辑是公民出于某种自我完善和提升的需要,如增长见识、提升素养等。全民阅读价值选择有机契合了现代社会发展的需求,也受到主客体条件的限制和约束,主要表现为来自外部环境以及主体自身的影响,这一价值选择过程涉及主体行为、制度环境、文化(资源)建设与发展等核心要素,这些要素与全民阅读具有天然耦合性和内在的关联逻辑,是揭示和解释全民阅读发展机理和作用机制的理论支点。

全民阅读作为一项国家战略是促进社会文化发展和构建良序社会的有效途径。全民阅读的行为逻辑可以从契约理论来考量,即从市民社会中形成并充分吸收了社会契约精神的合理要素,既反映出市民社会的精神要义,又是促进信息公正的理想形态。市民社会与全民阅读两者的关系,是相辅相成的,因为平等与公正是社会契约论的核心要义,这一理论内核体现出全民阅读的社会价值:促进信息获取的公正与平等、保障公共文化服务均等化,这些价值追求是市民社会发展进步的主要表现。市民社会理论的核心是社会契约精神,契约是推动社会良序发展的一种规则。社会契约论思想具有自由、平等、理性等价值理念,这种价值理念既超越了其生成的土壤(市民社会),又丰富了原有的价值体系,全民阅读具有明显的契约属性,影响着价值选择等阅读主体行为以及社会文化的价值取向。从契约视角探讨全民阅读的社会价值、主体行为以及价值哲学问题,有助于理论基础的深度开发。

在研究全民阅读主体行为方面,行动者网络理论为构建符合国情的全民阅读协同推广模式提供了很好的理论支撑。目前,全民阅读政策的贯彻执行是政策制定者需要认真考虑的问题。从制度维度来看,要保证全民阅读的执行效果,必须加强制度设计和优化。就此问题而言,诺斯提出的制度变迁理论可作为全民阅读制度环境优化的依据,有效引导全民阅读的各方"行动者"主体。推动全民阅读有益于激发主体的文化自觉,那么,促成主体对文化的自我感知和行动的因素是什么呢? 布迪厄提出的文化社会学观点可作为探寻其动力根源的理论工具。在"西学东渐"潮流中,实际上,我国传统文化思想对全民阅读也有"古为今用"的现实意义,先秦儒家的阅读理论即是精髓,尤其体现在阅读的功效、方法及过程等方面。全民阅读理论体系庞大且内容广泛,需要从不同角度进行阐释。深化全民阅读研究仍需从更专业、更多维的视角透视现状和启迪未来,全民阅读的理论基础需要在视阔和内涵两个维度上深耕细作。

(二)全民阅读立法

阅读立法的宗旨不是强制阅读。实际上,阅读立法的核心取向是以人为本,重在保障全民的阅读权利,明确政府部门以及其他组织的主体责任,构筑全民阅读的法制环境。

国内学者对有关全民阅读法律法规的研究可以划分为两大版块:一是运用文本解析、比较分析等方法,对世界上代表性国家推动国民阅读的法规、纲要等文本进行梳理和剖析,梳理国外阅读立法的成功经验和特色。西方国家阅读法规是研究的热点,其中,美国、日本、韩国和俄罗斯等发达国家的阅读立法实践经验颇具借鉴意义。代表性观点有:国外阅读领域法规可分为综合性法律、专门性法律和行业性法律三类;阅读立法应注重法律文化和社会文化的营造;国外阅读立法彰显出各国不同的社会环境和阅读文化。二是从我国基本国情出发,通过对部分省市(江苏、湖北、辽宁、深圳等)出台的地方性全民阅读条例或规章的比较分析,总结我国阅读立法的由来、得失并展望未来的发展方向。其中的代表性观点有:目前我国全民阅读立法属于软法规范范畴"软硬"融合是改进策略;以保障公民阅读权利和社会力量的参与为立法重点;图书馆界在阅读立法进程中应有作为通过立法助推和规范公共图书馆等公共文化设施担当促进全民阅读的社会责任。

从2013年全民阅读立法被列入国家立法计划到2016年国家广播电视总局发布《全民阅读促进条例》,我国全民阅读立法工作已取得阶段性的成果。在关注阅读立法进程的同时,更应当着力研究阅读立法需要解决的关键问题,对全民阅读立法条文中涉及的"人"(参与主体)、"财"(经费、资金等)、"物"(设施、阅读产品等)等核心要素要开展深入的调研、考察和论证。显然,阅读立法是一个系统性的工程,不可能一蹴而就。从国外有关促进阅读的法规研究与实践来看,阅读立法的形成与修订一般需经理论论证和实践检验的实现路径"阅读立法,规划先行"是主要特色。在明确主体责任和权利义务关系的同时,阅读立法应关注特殊群体,特别是少儿阅读,阅读习惯和能力的培养应从娃娃抓起。除了公共图书馆、文化馆等公共文化设施,还有书屋性质的阅读设施,不同类型阅读设施的分类引导与融合发展亦不可忽略。另外,法律配套制度要跟上,包括实施细则、指导方案(指南)等,从文义、体系、效力等维度对法规进行解释。总之,制定全民阅读法律虽有域外成熟经验可供参考,但符合国情则是最大的原则,这意味着在关键性条款之外要有特色条款,还应顾及区域差异和民族特色等。无论是引介何国何种阅读法规,基本的出发点都是为了借鉴域外经验,为我国阅读立法提供理论参考,促进我国全民阅读长效化的建设。

(三)国民阅读行为及其嬗变:基于国民阅读调查数据的分析

自1999年起,由中国新闻出版研究院组织实施的全国国民阅读调查,已连续开展了14次,而发布的《全国国民阅读状况调研报告》已成为衡量和评价我国国民阅读状况的重要指标和参考数据。全民阅读调查是一项连续性的、颇具影响力的国家级调研项目,对推动全民阅读发展具有积极的现实意义,对促进全民阅读理论创新与探索具有重要的参考价值。从数量上看,基于国民阅读调查数据的研究成果较多,以主题作为划分依据,相关研究成果可分为3类。第一类是以研究成果的形式发布国民阅读调查的主要结论,这部分成果均由全国国民阅读调查课题组发布。第二类是不同时期(时间序列)国民阅读状况的分析,这部分成果的数据均来源于全国国民阅读调查结果,不同领域的学者对国民阅读调查数据进行了多角度、多层次的解读和评价,旨在揭示和解释国民阅读行为及其嬗变规律。第三类是不同地区国民阅读情况的分析,这部分研究成果相对较少。从研究内容来看,国民阅读行为及其增变规律可从两个方面加以总结和评价。

1.国民阅读行为嬗变的特征

国民阅读行为嬗变的特征可通过阅读率等指标来反映。2008年以来,我国国民各种媒介综合阅读率总体上保持平稳态势,2016年的指标值已接近80%,这说明国民阅读意识和积极性有所提高,阅读氛围更加浓厚。通过对阅读率等指标的分析和比较,发现近5年来我国国民阅读已出现功利化趋向,有学者认为这是一种必然现象,社会应持包容态度,但是功利化阅读可能会造成理性思考的缺失,不应忽视,阅读率指数分析还表明,国民对纸质媒介的偏好高于其他方式,说明纸质阅读仍受国民青睐。虽然数字阅读方式的接触率在持续增长,但不能就此认定数字阅读将取代传统阅读方式,两者仍将长期共存。在全民阅读中,未成年人阅读问题应当引起重视,而从调查数据来看,低能儿童(0-8周岁)的家长培养孩子阅读习惯的意识不强。以上分析表明,数字化阅读方式正在成为主流,而图书阅读魅力依旧,需要说明的是,我国国民各种媒介综合阅读率和数字化阅读方式的接触率两项指标是 2008 年之后引入的,2008 年之前缺少数据。2007 年之前的报纸阅读率指标数也出现类似情况。

2.国民阅读变化成因

研究表明,多年来我国国民的阅读状况发生了很大变化,很难从单一层面或角度来解释驱动嬗变的因素。引起这些变化的原因是多样的、复杂的,既有社会和环境因素,也有技术和人文因素,此外,随着时间的推移,阅读主体结构和认知也在变化,如老龄化、价值取向等,在分析国民阅读行为嬗变原因时,数字媒介的冲击、社会竞争与压力、实用性与功利性价值取向等因素成为许多研究者的共识,尤其是移动互联网时代的到来,数字化阅读的及时性、便捷性等特点给传统阅读方式带来了一定的冲击,同时也促进了全媒体融合移动终端的普及应用极大地增强了碎片化、临时性阅读的可能性和可行性。这种阅读方式和阅读环境也迎合了数字时代人们追求娱乐和休闲的心理,也有学者认为国民阅读的变化不能归因于外部生存环境和媒介手段的变化,阅读文化的缺失才是根本原因,也是中西方国民阅读率存在较大差别的主要原因。因此,我们要结合国情和文化传统来研究国民阅读行为,特别是阅读习惯和阅读兴趣。

(四)全民阅读评估标准

全民阅读作为一项复杂的系统工程,其主体众多、内容丰富、形式多样,推动全民阅读可持续健康发展是一项长期性的重大任务。特别是近年来,各地各部门也都非常重视全面阅读工作,全国范围的全民阅读活动不断深入。在此背景之下,如何客观地掌握全民阅读建设实情,动态监测和跟踪全民阅读建设进展以及加强质量监管就显得尤为重要,建立一套科学合理的评估标准是引领和推动全民阅读规范化发展的内在要求,为优化和完善相关举措提供决策依据。从已有研究的内容来看,全民阅读评价指标体系的建立是中央提出的“倡导全民阅读,建设书香社会”要求,2016 年,国家广播电视总局明确将建立全国性的书香社会评价机制列为全民阅读的重点工作之一,基于全民阅读的书香社会综合评价指标体系和基于全民阅读的学习型社会指标体系应运而生,以期为我国全面阅读状况的监测与评估提供依据,也有学者基于阅读服务的视角,构建公共阅读服务评价指标体系,全民阅读评估标准体系建设是一个不断完善的过程,先行先试、先易后难是其基本特征,从城市测评经验来看,《武汉市全民阅读综合评估指标体系(试行版)》便是全民阅读评估标准构建探索的一例,适宜衡量城市全民阅读建设水平从研究进展来看,全民阅读评价研究主要从构建意义、设计原则、选择依据,设计方法、体系框架以及指标解析等方面进行解读和释义,部分文献还对指标体系的权重确定方法进行说明,全民阅读评估标准的建立与完善,应注意理论构想与具体操作的合理衔接、经验与实际的双向验证,已经发布和实施的几大评价指标体系采用三级指标体系的居多,而各级指标的构成数量则不同,在指标的借鉴和引入方面,公共文化服务水平具有区域性差异,考虑到我国地域广袤,指标体系的构建应当设置不同的划分标准,东部、中部、西部各有不同,同时还应结合地方实际情况及发展前景,突出地域性特色指标,不能盲目照抄。一项可操作性强的评估标准的最终生成需要历经多次锤炼,全民阅读综合指标体系的构建与优化也一样。在充分吸收和借鉴公共文化服务评估成果和实践经验的基础上,全民阅读评估标准应具有适应性、实用性和弹性原则,多考虑实际因素,注重从浅层评测向深度评估发展,从单一的量化指标向融合的多维指标发展。

(五)图书馆推动全民阅读

在全民阅读研究与实践中,图书馆是最重要的倡导者和推动者之一,从分类主题包含的内容量上看,图书馆视域下全民阅读研究成果最多,涉及面较广,内容体系相对复杂并表现出多元化趋势,根据研究特点和主题归属等划分标准,图书馆视阈下的全民阅读研究总体上可分为3个板块:一是图书馆在全民阅读中的作用、地位、功能、责任以及使命等基本性质问题的研究。二是不同类型、不同地区图书馆的全民阅读理论研究与实践特色评鉴,其中,以高校图书馆和公共图书馆为中坚力量,既有来自发达国家的成功经验借鉴,也有来自国内实践的特色解读,通过对经验的总结和提炼,探讨创新发展模式和对策是研究的落脚点。此外,基层(城市社区、农村)图书馆也受到学者的关注,如面向农村读者的农家书屋。三是面向特殊群体的图书馆阅读推广,主要包括阅读困难读者和少年儿童两大群体。一般而言,国内外图书馆都将弱势群体和少儿作为全民阅读推广的重点服务对象,充分体现了图书馆作为公共文化设施的公益属性、人文关怀精神和时代使命。

1.图书馆与全民阅读的关联逻辑

公共图书馆作为"天下公器",其核心是人文关怀的精神,也是民主社会价值观的充分体现。这些理念正是图书馆承担全民阅读推广责任的理论依据和实践导向,图书馆是一个持续生长且不断演变的有机体,而推动国民阅读始终是其核心的价值目标之一,这一核心使命既有现实性,也有恒久性。全民阅读是一项系统工程,需要社会各界的共同参与与支持。与其他机构和组织相比,图书馆尤其是公共图书馆因其公益性和阅读资源禀赋决定了它的角色和作用,图书馆是重要的公共文化设施,理应为推动全民阅读贡献力量,也是重要的文献信息资源保障中心,具有独特的角色定位和时代使命,吴晞先生将图书馆在全民阅读推广中的作用和功能总结为4个方面:引导、训练、帮助和服务。其中,引导国民阅读行为是公共图书馆促进全民阅读的核心工作,随着技术的进步,数字化、网络化发展是未来趋势,但图书馆的这种不可替代性不会随着技术进步而被弱化,图书馆(包括数字图书馆)依然是全民阅读活动的主要场所,也是读书治学的首要选择。

2.域外经验与本土实践特色

全民阅读是国际共识,而非一国独有之现象。在域外经验方面,美国全民阅读推广的影响较大、有关理论与实践成果获得国内学者的普遍关注和重视,纵观美国的全民阅读活动,大致可以总结为社会参与、文化渗透、上下联动、跨界合作四大特点,在推动全民阅读发展的图书馆中,美国国会图书馆的"图书中心"社会阅读项目历时30余年,在不断地深化合作中取得了显著的成果,值得深入考察、借鉴和推广,国外全民阅读实践之所以能够获得很大成效,一个重要驱动因素在于各级政府都十分重视图书馆的地位和作用,将其作为保障信息公平、实现文化服务目标的法定代理人,相比之下,我国各级、各类型图书馆在全面阅读推广实践中的功能发挥还有待提升,还要警惕可能被边缘化的风险,不能沦为全民阅读推广的"配角",而从活动数量和活跃度来看,我国不同类型的图书馆早已经开展了形式多样、内容丰富的全民阅读推广活动,其中也有先进典型值得借鉴和参考,如30家全民阅读示范高校就是优秀代表,在顶层设计、活动策划与组织、新技术应用以及社会化服务等方面具有鲜明特征,产生了较好的示范效应图书馆在推动全民阅读中,有3种服务方式得到了学者们的积极推荐:①读书会。读书会对促进全民阅读起到了一定的积极作用。在实践层面上,中外图书馆界都有成功经验。如读书会受到欧美国家图书馆的重视,开展了卓有成效的实践活动,包括制定发展规划、设立专业机构、构建合作机制、制定组织与管理框架、构建阅读社区等,近年来,图书馆读书会也在我国兴起,例如,陕西安康市图书馆举行周末读书会,引领社会阅读新风尚;杭州灵隐寺云林图书馆积极响应书香社会建设号召,通过读书会倡导回归书籍阅读,重拾书籍阅读乐趣,提高参与者的人文修养与精神境界。②微书评,微书评是文化生态的晴雨表,具有短而精的特点。利用微书评引导全民阅读是图书馆阅读服务的一种时尚潮流,可以成为全民阅读的新贵,通过对有关图书馆微书评活动的网络检索可知,微书评活动大多以征文比赛的形式开展,有助于增强阅读的趣味性和互动性,对阅读书目推荐、激发阅读兴趣具有积极作用。③"图书馆+"模式。这里"+"指的是一种跨界合作方式如图书馆+咖啡屋、图书馆+书店、图书馆+出版社等。例如,陕西铜川市王益区积极探索与实践"图书馆+5"(5=文化企业+互联网+书店+报刊亭+地方文化)运行新机制,打造全民阅读新形态,着力提升区域公共图书馆文化服务效能,此外,公益性的民间图书馆也成为推动全民阅读的重要力量,这种多元化格局实际上也反映出各界对推进全民阅读工作的社会认同感和责任感,无论是哪种方式,价值导向都是为了鼓励全民参与阅读活动、创建书香社会和提升国民文化素质。

3.面向特殊群体的图书馆阅读推广

全民阅读是一项惠及全体国民的文化活动,不应让任何一个热爱阅读的国民掉队,在全民阅读活动中,特殊群体很难通过常规途径和方式进行阅读或获取阅读资源,这就需要社会给予更多的支持和关怀。作为公共文化设施,图书馆在服务特殊群体开展阅读方面起到了不可替代的重要作用。这里的特殊群体主要包括阅读障碍(困难)群体、儿童、老年人等。从全局性的研究动态来看,全民阅读语境下图书馆开展特殊群体阅读服务的研究成果相对较少,尚未引起学术界的足够重视,而这却是不可回避的现实问题,因为这一问题是实现全民阅读的重要困惑和瓶颈,从年龄结构来看,儿童阅读能力实际上关系着未来的发展潜力,重视儿童阅读能力的培育是世界各国的共识。如果说阅读障碍群体的阅读问题是全民阅读瓶颈的话,那么,儿童阅读就是全民阅读的基础和未来。还有一类阅读群体值得特别关注,即老年人。随着老龄化社会的到来,国民阅读群体中老年读者的比例将上升,针对老年人的阅读态度等特征,有学者指出,图书馆服务老年人阅读的工作重点应在于提高其阅读能力和信息素养,总之,无论是面对哪个年龄段的读者,还是阅读困难群体,满足读者需求永远是图书馆开展服务的立足点,这就要求图书馆应当积极地倾听读者的心声,优化阅读资源配置和供给方式,创新服务模式。

(六)全民阅读促进机制

全民阅读推广活动是一项复杂的、长期性的系统工程,为推动全民阅读的深入发展,应构建起一套促进全民阅读的保障性体系,包含推广主体、组织管理、环境建设和研究指导等方面,为全民阅读促进机制建设提供顶层设计与制度安排,形成各要素融合、联通、配合、支持的连续统一体。在主体要素方面,研究者一致认为政府在推动全民阅读活动中应处于主导地位,鼓励和支持社会力量参与推动全民阅读,并充分发挥公共图书馆等公共文化设施的作用,形成"政府主导、社会力量参与、图书馆引领"的主体生态结构,有学者认为全民阅读推广最关键的问题是建立统领全国的组织机构来统筹协调和指导,进而有力推动全民阅读,建设书香社会,在环境建设方面,也有很多学者呼吁加快推进全民阅读立法,建立国家阅读基金管理制度,为全民阅读活动提供制度和法律保障,在阅读设施建设方面,注重传统方式和数字技术的融合发展,不应偏废其一。纸质阅读与数字阅读是现代阅读的两大基本形态,两者在目的、方式、效果等方面各有侧重,不能简单地通过阅读率指数来比较两者的优劣,而应结合资金投入、适用群体、读者偏好等因素进行综合考量。当然,促进全民阅读的机制建设需要充分考虑现阶段全民阅读形势的一般特点和特殊性要求,一般规律主要是体现在阅读需求的变化、阅读行为的特点等方面,这方面的规律主要是通过大样本的实证调查获得,全民阅读促进机制的特殊性对策也应引起重视。如跨区域城市阅读联盟确实可以起到促进全民阅读的作用,而对中小城市,甚至是老少边穷地区的全民阅读推进机制又将如何构建和完善呢?促进全民阅读的动力机制、激励机制、保障机制等亟待优化。构建全民阅读长效机制需要国家、社会团体及组织、家庭及个人等不同参与主体的共同努力,其中,国家主要是负责顶层设计与政策引导;在社会层面,有学者指出为推动社会力量积极参与全民阅读,应建立一套内外要素协同的动力机制,从组织宣传、创新管理、落实保障等方面协同激发全民阅读的动力;在个人层面,为激发民众阅读的兴趣,引导阅读行为,养成阅读好习惯,有必要构建一套行之有效、与时俱进的激励体系,贯穿于全民阅读活动的全过程,促进全民阅读常态化发展。另外,由于资源禀赋、民族特点、文化传统、经济发展水平等因素的影响,全民阅读的深度推进与长效建设还应考虑因地制宜、因需而定的精准保障机制。

三、全民阅读社会的总结与展望

(一)总结

国民阅读水平是衡量一个国家或地区软实力和文明程度的重要指标,开展全民阅读活动是建设学习型社会、提升国民素质的一项重要举措和文化战略,自2006年以来,全民阅读活动的内容和形式得到不断创新,产生了良好效果。全民阅读活动的兴起和蓬勃发展促进了阅读研究,全民阅读理论与实践研究取得了阶段性的进展,积累了一定的理论知识和探索经验审视我国全民阅读研究现状,总体上来说,理论探索性文章相对较多,多方法相融合的实证研究偏少。从学科属性来看,全民阅读已经凸显出交叉学科性质,图书馆、出版、教育、新闻传播等不同学科都为全民阅读提供了智力支撑。从实践特点来看,融合地方文化特色的"读书节""读书月"等阅读活动已成为推动全民阅读的品牌战略"互联网+"、共享阅读等成为全民阅读新的发展模式。数字媒介和数字出版物的兴起为阅读提供了更多机会,与传统阅读模式共筑相互补充的阅读服务体系,全民阅读环境和生态体系得到优化。

全民阅读的推广力量呈现多元化发展趋势,图书馆界、出版界、教育界在全民朗读推广中担当重要角色,已成为推动全民阅读可持续发展的中坚力量,社会力量的参与也为全民阅读注入了新的活力,从现阶段我国全民阅读研究进展来看,国民阅读整体发展态势良好,但与发达国家相比,仍有一定的差距,我国各地居民阅读状况也不均衡,国民阅读能力和阅读水平有待进一步提升,在国民阅读偏好方面,许多国民并未养成良好的阅读习惯,功利性阅读偏向严重,突击性、快餐式阅读现象加剧。从社会环境层面来看,我国全民阅读的整体性规划、顶层设计和保障机制需要进一步完善。总之,全民阅读的公益化、常态化和战略化发展任重而道远,面对新的环境、技术和需求,迫切需要探索新的转型和升级路径。

(二)未来展望

全民阅读是一项长期的系统性工程,是提高国家文化较实力和促进个人全面发展的重要途径。纵观国际,许多国家都把提高国民阅读能力和阅读水平作为国家战略,以法规为保障,多措并举地推动全民阅读回顾国内,全民阅读活动正在各地蓬勃发展,已呈现燎原之势。相较而言,全民阅读的理论与实践研究成果虽然数量较多,但主题同质化现象严重、突破性进展较慢。结合国情和现阶段研究特点,展望未来,全民阅读理论与实践研究的重要支点应当立足于以下几个方面。

1.理论研究与学科建设

阅读是一门科学,相比国外发达国家而言,我国阅读理论研究缺乏系统性和开拓性。从研究进展来看,我国阅读理论研究虽然取得了一些成果,但仍显薄弱,尚未形成相对成熟、稳定、集中的理论研究体系,特别是基础理论研究。全民阅读理论研究覆盖诸多方面,应当跨越学科边界,突破传统路径依赖,从跨学科的多维视角进一步对阅读理论的性质、功能、内容、特点和学科建设等方面进行深入探索和开发。注重理论研究内容与方法的创新,促进理论与实践相融合,初步构建立足于中国国情和国民需求的阅读理论体系,为全民阅读推广、调查、评估等活动提供指导。

2.阅读立法与政策环境

自2006年中央部委提出全民阅读倡议以来,关于阅读立法的讨论和研究热湖日益高涨,通过立法来确认全民阅读的战略地位已基本达成共识,全民阅读立法现已进入实质性阶段朗读立法是循序渐进的,当前仍然面临着诸多挑战,许多现实问题仍待解决,改革与创新是社会发展的主旋律,全民阅读立法应正确处理阅读立法与公共文化服务领域改革的关系,深化研究各省市区阅读法规政策对国家立法的启示,重点关注阅读立法的功能、定位、价值、法理基础(依据)、基本范畴等核心要义,合理吸收国外阅读法规的成功经验,探索阅读立法的中国特色和可行路径,全面提升阅读立法质量和科学性水平,构建阅读立法模式的新常态。

立法宗旨是保障公民阅读权利,立法宗旨均不是限制个人的阅读自由,而是要通过法规来确立政府的法定责任,保障公民的阅读权利。为此,明确规定了地方政府及有关部门促进全民阅读的责任,坚持政府主导、社会力量参与的原则,并根据不同人群的需求,有针对性地采取多种措施,全面促进全民阅读。诚然,读不读书是公民的自由选择,而提不提供良好的读书环境和条件,则关系到政府必须担当的责任。正如北京社科院学者、阅读推广人刘伟见所言,现在有了法规,对地方政府而言就是硬约束,地方政府为阅读立法等于是自我加压,确实体现了诚意和远见。

从立法基础来看,新闻出版部门及上述各地长期致力于推动全民阅读工作,积累了阅读推广的实践经验和成熟做法,形成了较为浓厚的阅读氛围,立法条件比较充裕,已在一定程度上具备了法律制定的现实基础。正因如此,在相关部门的大力推动和社会各界的积极呼吁下,部分原本尚未纳入立法计划的立法构想,亦以新增立法项目的方式列入了当年的立法计划,湖北、江苏等地的法规才得以尽快通过并实施。各地在推动阅读立法方面,呈现出较高的积极性和较强的紧迫感。

上述已出台或已纳入立法计划的阅读立法,既注重总结现有经验,将当前一些较为成熟的做法法制化,如设立读书月、读书节或未成年人读书日,建立全民阅读推广制度,推进阅读志愿服务等;也注重吸纳国际上一些先进做法,进行了多项制度创新,如鼓励设立公益性的全民阅读基金,建立全民阅读水平测试公益平台,制定全民阅读评价指标体系,开展全民阅读评估,制定儿童早期阅读推广计划,启动阅读起跑线活动等。

在全国性阅读立法稳步推进的同时,地方性阅读立法的脚步紧跟其后,甚至大步前进,先于全国性法规出台。地方立法充分借鉴和吸收了《全民阅读促进条例》草案的研究成果与制度设计,反过来也为全国性阅读立法提供了宝贵的实践经验和重要参考,起到了良好的推动作用。阅读立法取得的积极进展,充分体现了党和政府关注民生,促进经济、社会和文化协调发展的执政理念,标志着我国全民阅读事业正有序步入法治化、规范化的轨道。

3.调查研究与阅读评价

为加强全民阅读推广的力度和深度,初步建立满足国民需求的阅读推广长效机制,有必要开展阅读调查和专项评估,通过访谈、扎根理论、田野调查、测验以及问卷调查等研究方法,从心理学、生理学、社会学、传播学等不同学科视角开展实证调查,重点研究国民阅读行为、偏好、需求及其影响因素,特别是老少边穷地区和特殊群体;运用大数据分析技术,构建专项整改和评估体系,开发旨在提升国民阅读素养与能力的评测项目;研发国民阅读指数及评价标准,考虑将阅读指数融入精神文明建设和经济社会发展评价指标体系中,适时引入第三方评价机制,建立动态跟踪的阅读活动监测与效果评估体系。此外,还应加强阅读产业的动态监测,特别是阅读产品及产业链等重点领域。

4.组织协调与多元合作

目前,我国全民阅读活动呈现出形式更加多样、内容日益丰富等鲜明特征,但是组织有序、协调有力的实施机制相对滞后,社会力量参与推动全民阅读发展的动力机制不足,引导、规范和管理水平较低,全民阅读是一项全民行动,不宜依赖于单一形式,而应开展协同合作。在此形势下,应加快研究和构建促进民间公益性阅读组织参与全民阅读服务的激励和保障机制,重点研讨资源共享、资源配置、组织管理、规范标准等核心议题,促进公共文化设施、阅读联盟、民间馆舍,出版发行机构等重要支撑载体的跨界合作,推动阅读资源的跨区域、跨系统共享和整合利用,着力构建多元主体参与的开放共享与长效机制,形成社会合力,共同推动全民阅读工程的常态化发展。

第二节 图书馆阅读推广的内涵与外延

一、阅读推广概念类型与特征

概念界定时,需要从界定原则与要素说明两方面来述清概念划分的基本准则及具体范畴特征。阅读推广涵括推广目标、推广主体、推广客体、推广方法、推广对象与推广效果等要素。已有的关于阅读推广或图书馆阅读推广的界定,依其主体界定内容,可分为两大类别:一类以推广目标为主要界定原则,不涉及推广客体的说明,可概括为目标界定型;另一类则是对主体推广内容进行了设定,可简述为内容指向型。

(一)目标界定型

作为一种行为实践,阅读推广的目标往往被设定为提升阅读相关变量。"阅读"涵括阅读主体、阅读客体以及主体与客体之间的交互。阅读主体即读者,主观上涉及阅读兴趣、动机、习惯和能力等要素;客观上涉及阅读场所与平台、读者数量与类型等统计学意义上的特征。阅读客体是类型丰富、功能各异和数量众多的书籍。由于读者需求、兴趣及能力等方面的差异,其阅读图书的数量、理解领悟程度等书与人之间的交互性因素也存在较大的差异。阅读推广的具体目标就体现在阅读涵括的各类要素的提升或增进,也即客观上阅读场所及平台、读者数量、所读书的数量的增多,主观上社会阅读意愿、阅读能力与阅读质量的提升。已有定义中,以推广目标为主体概念区分原则的比较多。根据其界定的范畴涵括度,又可区分为"活动说""工作/事业说"和"服务说"。

"活动说"以王余光、王波的观点为代表。王余光在其主持的国家社科基金重点项目"建设学习型社会与图书馆的社会服务研究"的研究报告中对公共图书馆阅读推广进行了界定,认为"公共图书馆阅读推广是指由公共图书馆独立或者参与发起组织的,普遍的面对读者大众的,以扩大阅读普及度、改善阅读环境、提高读者阅读数量和质量等为目的的,有规划有策略的社会活动",王波从战略目标、阅读可提升要素的角度对阅读推广进行了界定,认为"阅读推广,就是为了推动人人阅读,以提高人类文化素质、提升各民族软实力、加快各国富强和民族振兴的进程为战略目标,而由各国的机构和个人开展的旨在培养民众的阅读兴趣、阅读习惯,提高民众的阅读质量、阅读能力、阅读效果的活动"。[1]

"工作/事业说"在界定原则上与"活动说"相似,但将阅读推广定性为工作与事业具有更强的包容力,能够将活动以外的阅读推广举措与实践容纳至概念范围。万行明认为阅读推广即推广阅读,就是图书馆及社会相关方面为培养读者阅读习惯,激发读者阅读兴趣,提升读者阅读水平并进而促进全民阅读所从事的一切工作的总称。王辛培认为阅读推广是图书馆、出版机构、媒体、网络、政府及相关部门等为培养读者阅读习惯、激发阅读兴趣、提升阅读水平、促进全民阅读所开展的有关活动和工作。张怀涛认为"阅读推广"也可以称为"阅读促进",是在"阅读辅导""阅读导读""读书指导""阅读宣传""阅读营销"等概念的基础上发展而来的;"阅读推广"指社会组织或个人,为促进阅读这一人类独有的活动,采用相应的途径和方

---

①翟宁. 高校图书馆服务与阅读推广研究[M]. 北京:北京工业大学出版社,2019.

式,扩展阅读的作用范围,增强阅读的影响力度,使人们更有意愿、更有条件参与阅读的文化活动和事业。"活动说"与"工作/事业说"在概念范畴的容纳性方面有所不同,但由于采用的是相同的区分原则,所以存在相似的局限性。当前,移动阅读市场吸引了电信运营商、电商和内容商等进入,催生了中国移动手机阅读、中国电信天翼手机阅读、中国联通手机沃阅读、云中书城、百度阅读、QQ阅读和微信读书等移动阅读工具。此类机构的主观目标在于商业利益,但其开拓及占领用户市场的举措客观上可以起到推广阅读的作用。因此,把目标设定为提升阅读相关变量作为阅读推广的概念区分原则,不便于将上述新型移动阅读推进举措纳入阅读推广的范畴。

"服务说"由国内较早关注阅读推广理论问题研究的学者范并思提出。虽然他并没有给出阅读推广的定义,但却从字面含义、属性、对象和目标等角度对图书馆阅读推广概念进行了阐析,认为阅读推广是对阅读进行推广或促进,是图书馆服务的一种形式,是活动化、碎片化和介入式的服务;目标人群是全体公民,重点是特殊人群;阅读推广的最终目标是通过阅读提升公民素养,使不爱阅读的人爱上阅读,使不会阅读的人学会阅读,使阅读有困难的人跨越阅读的障碍,这种观点具有强烈的图书馆学研究范式导向,将阅读推广定位为图书馆的重要服务内容,能够有效地提醒图书馆人了解阅读推广在图书馆整体工作中的重要地位,对图书馆强化阅读推广意识、开展工作规划具有很强的指导意义。由于没有对推广客体及推广方法进行说明,因此,在帮助馆员明确阅读推广工作的重点及理解阅读推广与图书馆其他相关服务之间的边界方面作用有限。同时,活动化服务的界定,也不易将图书馆推出移动数字阅读平台的举措纳入进来。

(二)内容指向型

对阅读推广客体、也即推广内容进行说明的定义较少。但对主体推广内容的说明,无论对于图书馆进行整体工作规划布局、设定阅读推广工作重点,还是对于工作人员厘清阅读推广工作与图书馆其他工作的关系,均具有重要的实践指导意义。依据已有概念对于推广内容的界定,可分为"休闲说""馆藏说"及"阅读信息素养并举说"。

"休闲说"思想源起于西方,国内以于良芝为代表,认为图书馆阅读推广主要指"以培养一般阅读习惯或特定阅读兴趣为目标而开展的图书宣传推介或读者活动。培养阅读习惯或兴趣,这一目标决定阅读推广试图影响的通常是休闲阅读行为,即与工作或学习任务无关的阅读行为",这种观点对于图书馆规划阅读推广工作重点有所裨益。根据书籍内容对于人类的作用影响,阅读可分为:①知识/技能生活需要型阅读,即为课堂学习、工作及生活需要等而开展的阅读;②消遣型阅读,指为消磨时间阅读消遣性读物的行为,现今网络小说多为此类读物;③人文素养提升型阅读,主要指有意识地阅读公认的文学名著类作品,以增加体验与见识、提升人文修养;④生命智慧增进型阅读,指阅读集成人类大智慧的、有阅读难度、需要反复阅读、理解、体悟的经典作品,以提升个体与自我、社会及自然相处的修养与智慧。在当前国民阅读率不佳、素质亟待提升的大形势下,作为文化传承机构的图书馆,不仅要推进有益身心的休闲阅读,也要推进学习、工作或生活所需的阅读。从当前实践来看,在高校图书馆界阅读推广与学科服务亦在不断融合,如杨莉等提出"专业阅读推广"的思想,并报道了上海交通大学图书馆与致远学院合作推出的"书香悠悠,数韵装装"活动、与电信学院合作推出的"揽阅之星·阅读之巅"活动,目前,该馆管理综合学科点正与安泰经济与管理学院合作推出针对新生的"圕·安泰书道计划——学在交大,思源悦读"系列活动,以同步推进专业经典与人文经典的阅读。综合研究与实践进展,"休闲说"不足容纳所有的阅读推广实践。

"馆藏说"由王波提出,认为图书馆阅读推广是指"图书馆通过精心创意、策划,将读者的注意力从海量馆藏引导到小范围的有吸引力的馆藏,以提高馆藏的流通量和利用率的活动"目。在2017年1月12日举办的"图书馆阅读推广理论与实践专题研讨会"上,王波进一步指出,馆藏的范围为现有馆藏、未来馆藏以及延伸馆藏(含可获文献、门径文献)。"馆藏"同"文献"一样,是一个很宽泛的概念。应用这个定义,也不容易外辨图书馆阅读推广的边界。

"阅读信息素养并举说"将信息素养归类至图书馆阅读推广的范畴,此由谢蓉等提出,认为"图书馆的阅读推广是图书馆利用其信息资源、设备设施、专业团队和社会关系等各种条件,鼓励各类人群成为图书馆的读者,并培养其阅读兴趣、养成阅读习惯或提升其信息素养的各种实践",在阅读推广、信息素养教育均是图书馆重要工作领域的情况下,此界定不便于工作内容的划分与管理。

二、阅读推广概念范畴与界定

如同王波在报告中所言:定义的作用在于确定要素、确定方法、划定边界、划定对象和理解成功。在建设全民阅读社会的背景之下,阅读推广主体、客体、方法均极为多元,要将多元阅读推广实践汇集到一个概念集合中、同时与其他关联概念相区分,则需要同时理清界定原则与核心要素,这样方能产生内涵与外延均比较清晰、对实践有较强指导作用的定义。

(一)界定原则与概念要素

界定原则是较宏观层面的划分依据,须既有区分度、亦有包容性。如上文分析,已有定义多数以推广目标为概念界定原则,但无法囊括主观上不以提升社会阅读相关变量为目标、客观上却能起到阅读推广效果的实践。因此,在设定界定原则时需将这两种情况综合考虑进来,形成较全面的概念划分依据。核心要素说明能够具体而微地体现概念范畴特征,可以切实地指导图书馆阅读推广工作的定位、规划与明确工作重点。在构建全民阅读社会的进程中,有兴趣的个人或机构均可成为阅读推广主体参与到这项事业中来;由于阅读兴趣、能力、条件等方面的不足,任何人亦可成为阅读推广的对象。因此,阅读推广主体与对象不构成重要的、有区分度的概念要素。但对于阅读推广目标、客体、方法、效果的界定,能够有效定义概念及明确范畴推广客体,也即推广什么或曰推广内容,关系到阅读推广的工作重心。如同吴晞先生所言,阅读是一个很大很宽泛的概念,"我们正襟危坐,红袖添香,固然是阅读,但在路边买份报刊翻阅也是阅读,打开手机刷微博、看微信同样是阅读",在这样一个阅读对象无所不在的时代,阅读推广客体必须有所侧重。时代需求导致阅读推广的产生,故阅读推广客体或者说重点推广内容及领域,需与时代背景要求一致。就中国社会而言,1949 年之后真正的发展是在实行改革开放的发展策略之后。这个发展进程起到的推动作用更多的是在经济、科技领域,在文化、精神领域则有所缺失,而国际发展趋势则越来越显示文化已成为国家竞争力的核心源泉。正是在这种形势之下,中共十七届六中全会通过了《中共中央关于深化文化体制改革推动社会主义文化大发展大繁荣若干重大问题的决定》,其后的政府工作报告中越来越多地谈及文化发展的重要性,并要求建设公共文化服务体系及倡导全民阅读。从时代背景需求而言,当前阅读推广的重点在于推广承载思想文化和人类智慧集大成类的、能起到传承文化及提升人文修养作用的书籍;专业或学习类文献可以是推广客体但不作为重心;对人类有负面影响的消遣读物不宜作为推广客体。重点与一般的把握,对于阅读推广的成效非常关键。王余光先生亦曾指出经典应是阅读推广工作的核心,阅读推广方法可归为3类:①营造富于吸引力的阅读推广空间;②研制适应当下阅读偏好的移动阅读平台;③开展形式多样的阅读推广活动或服务,如展览、读书会、讲座、图书漂流、读书竞赛、图书推荐、阅读指导与咨询等。不同的阅读推广主体在阅读推广方法的运用上各有偏好,如图书馆和书店在阅读空间营造及阅读推广活动的推陈出新方面不遗余力;出版社、电信运营商与门户网站等在数字移动阅读平台的创建方面颇费心力,部分图书馆也开始涉足此领域;亲子教育机构、培训机构则在连锁式绘本馆建设、阅读指导与咨询服务方面着力不少;故事妈妈群体通过自建站点,与学校及图书馆合作来开展阅读推广实践。在有吸引力的阅读推广主体或品牌下,不同阅读推广主体越来越多的开始合作,运用各自的方法优势,共同推进全社会的阅读推广氛围,建设全民阅读社会。

(二)阅读推广概念

结合阅读推广产生的时代背景,思考阅读推广涉及的要素内涵,从主观的推广宗旨与目标、客观的推广效果角度,我们可以对阅读推广做如下界定:阅读推广,指在传承文化、提升素质的时代要求之下,组织或个人开展的能起到培育社会对于有价值的多元媒介作品的阅读兴趣与习惯、提升阅读技能与效果、增进社会阅读数量与质量作用的阅读推广空间营造、阅读推广平台创建、多元阅读引导活动举办的实践。这个定义首先将推广效果作为概念的基本区分原则,避免了无法涵括主观上不以社会阅读促进为直接目标、客观上却能产生阅读推广效果的社会实践的问题;明确了推广客体、推广方法的范围,有利于实践界确立推广重点及明确工作范畴。

图书馆从某种程度上讲可谓社会的阅读容器,与阅读有着天然的、千丝万缕的紧密关系。虽然图书馆同时也是信息服务机构,但中国的阅读推广从最初的兴起到如今极为壮阔的发展局面,与图书馆界的引领机构——中国图书馆学会的呼吁倡导及数量众多、分布广泛的全国各类型图书馆的努力密切相关。图书馆是社会阅读推广的重要主体与力量。这一点,吴晞先生曾在多种场合及文章中指明。但是,当前图书馆实践界还存在混淆阅读推广、图书馆宣传推广、读者活动以及信息素养讲座等的边界问题,进而无法进行准确的阅读推广定位及规划,导致重点与特色不足、创新性不够、成效不佳等问题。图书馆阅读推广不是读者服务月的简单延伸,也不是读者活动的重新组合,阅读推广已成为图书馆的重要的、专门的工作领域。这一点从当前许多图书馆设置专门的阅读推广部门、岗位的现象中已显现。图书馆阅读推广工作的重心,在于推动有价值作品的阅读数量、技能与质量的提升,而非止于推广图书馆本身。基于文化传承使命,图书馆阅读推广内容也不仅限于馆藏,推广内容的重点应是有价值的作品,并且,可以根据阅读推广实践来补充及优化本馆馆藏。有鉴于此,在界定阅读推广的同时,也非常有必要界定图书馆阅读推广,以廓清一些工作中常容易模糊的概念,并帮助明确工作领域与重点。图书馆阅读推广,指图书馆以文化传承和素质提升为宗旨,以推进社会阅读意愿、行为与水平为目标,以具备特定价值,尤其是具备独特思想文化价值的多元媒介作品为推广客体,而开展的阅读推广空间与平台创建、多元阅读引导活动举办的服务实践。

范并思教授在《阅读推广的理论自觉》一文中指出阅读推广的基本概念是亟待研究的理论问题之一,"讨论这些概念并非学究式研究而是帮助图书馆人正确地进行阅读推广的服务定位",笔者探讨了阅读推广概念的划分原则与要素范畴,在此基础上对阅读推广、图书馆阅读推广的概念进行了界定,以期给出一个更具明确特征和实践指导意义的定义,助力于阅读推广理论研究与实践推进。建设全民阅读社会需要全社会的共同努力。作为社会阅读权利保障机构的图书馆,在全民阅读社会构建中应起到极其重要的作用。对图书馆阅读推广的概念范畴进行界定,关键目标在于澄清观念的模糊之处并推动该项工作卓有成效地开展。图书馆界需要从概念上明确该项工作的目标与宗旨、范围与重点,理清阅读推广工作与图书馆其他工作的关系,在资源整合的基础上进行有效的、创新性的顶层设计与布局,使阅读推广工作进入专门化、常态化、专业化的发展状态。当阅读推广工作真正起到推动阅读的效果时,自然也会推动图书馆的使用及提升图书馆的声誉。

三、图书馆阅读推广

那么,究竟怎么给"图书馆阅读推广"下定义呢? 在于良芝教授等人的《图书馆阅读推广——循证图书馆学的典型领域》一文中,有一句话更值得重视,那就是:"凡是能够将读者的注意力从海量馆藏引导到小范围的有吸引力的图书的推广方式,都有可能提高图书的流通量。"这句话是于教授介绍的美国图书馆专家在研究阅读推广案例后所得出的重要结论之一。据此结论,可以反向推导出"图书馆阅读推广"的定义,即:图书馆阅读推广,是指图书馆通过精心创意、策划,将读者的注意力从海量馆藏引导到小范围的有吸引力的馆藏,以提高馆藏的流通量和利用率的活动。

首先,这个定义规定了图书馆阅读推广的关键要素是"创意""策划"。这是近些年所有参与图书馆阅读推广活动的同行的同感,大家普遍认识到,阅读推广和以前的图书馆新书推荐等活动的最大区别,就是其活动的创意性;不管是成立跨部门团队还是成立新部门,大家都感觉这个团队、这个部门很像公司里的广告设计和创意部门,所开展的阅读推广活动,只要创意到位了,就意味着成功了一大半,创意是阅读推广的前提。正因为如此,图书馆的行业组织特别重视阅读推广的创新,教育部高等学校图书情报工作指导委员会正在组织全国高校图书馆的"首届阅读推广创意大赛",分省、分行政大区的决赛已经结束,2015年9月份在武汉进行总决赛;同期在苏州举办的出版界、图书馆界2015年全民阅读年会也将阅读推广案例大赛作为重头戏。其次,这个定义说明图书馆阅读推广的本质是"聚焦",就是将读者的注意力从海量馆藏引导到小范围的有吸引力的馆藏,凡是锁定一小部分有吸引力的馆藏进行宣传推荐的,都属于图书馆阅读推广。至于推荐哪部分有吸引力的馆藏,以高校图书馆为例,可以配合学校的教学科研和学科建设来选择,也可以通过读者调查来选择,还可以根据馆员的猜想和推理来选择,不管是新书推荐、好书推荐、优秀博士论文成书推荐,都是吸引读者关注馆藏中有吸引力的一小部分。至于哪些馆藏算有"吸引力",很大程度上依赖于图书馆员挑选馆藏的独特角度和文案的巧妙宣传。国外曾有图书馆只是把封面颜色一样的书挑出来,比如把红色、黄色、绿色封面的书按颜色集中在一面书架上,放在显眼位置推荐给读者,引起读者兴趣。深圳职业技术学院图书馆把从来没有借阅过的书挑选出来,以"谁都没有借过的书"为主题搞展览,激发起读者的挑战欲望,提高了这批书的借阅率。清华大学图书馆每月根据重大历史纪念日和重要时事,挑选相关馆藏,在显著位置推出"专题书架",大大方便了读者了"舍大取小"的原理推介部分馆藏,所以都在阅读推广的范畴。最后,图书馆阅读推广与其他行业的阅读推广的最大区别,是其阅读推广的直接目的是提高馆藏的流通量和利用率,这个直接目的达到后,才能间接发挥培养读者的阅读兴趣、阅读习惯以及提高读者的阅读质量、阅读能力、阅读效果的作用。报刊、电视、网络可以推广全国出版社出版的任何一本书,但是图书馆不能如此,它必须推荐自己的馆藏。如果它推荐一批年度新书的话,在推荐之前首先要检查本馆的目录,把没有采购的新书尽快补齐,或者边推广边补充,否则本馆推荐的书自己都没有收藏,读者如何利用?对图书馆而言,岂不是自我矛盾、欺骗读者。掌握了以上三点,就很容易判断图书馆阅读推广的边界,很容易将图书馆阅读推广与图书馆的其他活动区别开来。比如,新书推荐是引导读者聚焦小范围有吸引力的馆藏的活动,如果其形式新颖,就算图书馆阅读推广;图书馆阅读推广都属于图书馆宣传,但是如果图书馆的一项活动只是整体上宣传图书馆的历史、建筑、馆藏,不聚焦于某部分馆藏,那么就只能算是图书馆宣传,而不能算是图书馆阅读推广;图书馆开展的展览活动,如果展览的目的是吸引读者利用展览涉及的馆藏,那么这项展览就算是图书馆阅读推广,倘若展览涉及的文献在本馆大多数都没有收藏,或者展览的内容与本馆馆藏无关,那么这项展览就不能称之为图书馆阅读推广;图书馆开展的信息素质教育,因为其目的是引导读者面向全部馆藏检索到自己需要的最精确的文献,指向的是唯一的馆藏或知识单元,而不是小范围的馆藏,指向的不一定是有吸引力的馆藏而是最有用的馆藏,教育的目的是提高检索能力而不是阅读能力,所以也不能称之为阅读推广。

总之,图书馆阅读推广主要靠富有创意的形式提高读者的阅读兴趣,靠优良的空间和氛围帮助读者养成阅读习惯,靠科学的馆藏发展政策保障读者的阅读质量,靠以海量馆藏带来的压迫感和信息素养教育帮助读者提高阅读能力,靠组织有序、体系完备的馆藏提升读者的阅读效果。

第二章 图书馆学基础理论

第一节 图书馆核心价值

一、理论基础的内涵界定

理论基础是学科存在的母体基础,也是学科发展的重要根源。胡先媛通过梳理文献,发现图书馆学理论基础研究主要有唯哲派、特殊派与综合派之分。刘迅将波普尔"世界3"理论引入图书馆学理论基础研究,即以"哲学认识论"对待之。沈继武指出理论基础是"人们认识和改造研究对象的世界观,是认识论和方法论"。显然,刘迅、沈继武是从哲学角度来思考理论基础问题的。于鸣销基于图书馆工作,把图书馆学理论基础归纳为"图书馆工作实践的理论化和系统化"。该观点受到20世纪80年代初期经验图书馆学的影响,带有浓厚的实践色彩。张冰则强调理论基础的科学概括性,即"进行共性事实解释的理论知识",而非相关内容的简单相加或逐项罗列。卿家康提出理论基础的内涵有狭义和广义之分,前者"专指对图书馆学起最根本作用的哲学",后者则涵盖了对图书馆学"具有较全面、深刻影响的理论、学说"。诸位学者从不同视角探讨图书馆学的理论基础,为后来的研究者提供了启发与借鉴。目前图书馆学理论基础研究取得了较大进展,其内涵界定必然会随探索与争鸣的深入而愈加清晰。[①]

二、理论基础的关系定位

在图书馆学理论基础与图书馆学理论体系的关系问题上,学者们有着不同的观点与见解。吴慰慈等认为图书馆学理论基础是一种"外延比图书

[①]刘汉成,夏亚华. 乡村振兴战略的理论与实践[M]. 北京:中国经济出版社,2019.

馆学大"的理论,明确主张图书馆学理论基础包含并不属于图书馆学的内容。黄宗忠指出图书馆学理论基础处于图书馆学体系之外,是"相关学科理论在图书馆学的应用",而非图书馆学理论体系不可或缺的内容。翟秀云类似地认为图书馆学理论基础是图书馆学之外的某一种或某几种理论,而不属于图书馆学理论体系。王子舟则提出"理论基础应属于图书馆学范畴,是基础理论的第一层次"的观点,显然认可图书馆学理论基础就是理论体系的重要组成部分。柯平等基于知识资源论的探索,构建了一个三层结构的图书馆学理论体系,其中"第一层是体系赖以存在的理论来源",即图书馆学的理论基础,呼应了王子舟的观点。无论如何界定图书馆学理论基础与理论体系的关系,它们之间都有着密切的联系,理论基础研究是图书馆学学科建设不容忽视的议题。

三、理论基础的价值作用

图书馆学理论基础的价值作用主要体现在"支撑"与"指导"两个方面。黄宗忠把理论基础比喻成理论大厦的基石,能够"为图书馆学的研究提供总的方法论和观点",黄秀文指出图书馆学理论基础是理论研究的"指导思想"有助于透过具体现象认清图书馆本质。两位学者直接阐明了理论基础的"支撑"与"指导"功能,强调了理论基础的研究意义,树立了对理论基础研究价值的基本认识。吴慰慈等则提出"图书馆学理论基础是基础理论的逻辑起点,为图书馆实践提供最基本的理论指导",认为图书馆学理论基础是图书馆学基础理论的发展根源,能指导实践工作。卿家康主张理论基础具有"深刻揭示研究对象类现象本质、正确反映对象的客观规律、正确指引学科发展的基本途径与方向、为对象学科奠定认识论基础、有效指导科学研究全过程"的效用。这不仅深刻阐明了理论基础的价值,更成为我们评判某一理论能否成为理论基础的准绳。图书馆学理论基础为图书馆学研究提供了理论支持,其价值作用不可忽视,因此必须大力开展理论基础研究。

第二节 图书馆学研究的角度与方法

一、哲学视角下的理论基础研究

(一)科学哲学的思维方法

传统图书馆学中充斥着经验主义,理论建设受到限制,因而具有强大解释力的科学哲学吸引了学者们的注意力。刘迅认为波普尔的"世界3"理论在"哲学认识论"层面解决了理论基础的认识问题,可以促进整个社会文明的提高和生产力更大的发展,极具指导意义。"世界3"理论引起了图书馆学界对理论基础的积极关注,吸引众多学者探讨。蔡公天等指出波普尔的"三个世界"理论"为图书馆学第一次提供了新的理论基础",能够统摄图书馆学理论体系。王子舟阐释了"世界3"理论作为理论基础的依据,一是客观知识世界的独立存在"为图书馆学划定了研究对象的从属领域";二是"世界3"理论对文献"终极归属"的确定"为图书馆学提供了合理的逻辑起点"。除波普尔的理论外,其他科学哲学理论也受到了图书馆学学者们的重视。金胜勇等运用"波普尔的证伪主义""库恩的科学发展理论""拉卡托斯的科学研究纲领方法论"论述了图书馆学的科学性问题,较为全面地剖析了科学哲学对于图书馆学的理论价值。葛园园形象地比喻科学哲学是一座"理论方法宝库",值得不断探索挖掘。图书馆学理论基础研究借鉴了科学哲学的众多成果,但在移植转换的过程中也要注意辩证对待、理性思考,避开科学哲学的错误与局限。

(二)马恩哲学的指导理念

马克思主义哲学辩证唯物主义和历史唯物主义是科学的世界观和方法论,是开展科学研究的指导理念。刘洪波反对将波普尔的"世界3"理论作为图书馆学的理论基础,认为只有"以辩证唯物主义和历史唯物主义为理论基础"才能理顺图书馆学理论体系,保障其繁荣发展。姜希强指出,虽然刘迅引入了"世界3"理论,但"马克思主义哲学仍然是图书馆学、情报学的理论基础",沈继武认定"图书馆学的理论基础,毫无疑义,同样是马克思主义的哲学"。众多学者坚持将马克思主义哲学作为图书馆学的理论基础,即认为图书馆学理论研究必须坚持科学的世界观和方法论。彭修义批评波普尔的理论有着"唯心论"和"机械唯物论与庸俗进化论"的错误,提出在马克思主义哲学基础上建立起来的"知识唯物论"才是图书馆学坚实的理论基础。这些观点灵活运用了马克思主义哲学的基本原理,生动体现了辩证唯物主义与历史唯物主义的科学指导性。汤利光主张以马克思社会存在论为研究切入点,"可以铺就图书馆哲学通向实践唯物主义的道路",进而解决图书馆学的当代困境与危机。在2017年全国图书馆学基础理论研讨会的主题发言中,他强调要解决图书馆哲学的贫困问题就必须坚持实践唯物主义。显而易见,辩证唯物主义与历史唯物主义具有普遍适用的指导价值,因而是图书馆学理论基础的重要内容。[①]

(三)图书馆哲学的专门研究

图书馆哲学是近年来图书馆学研究的热门话题,即运用哲学观点或坚持哲学视角研究图书馆学而产生的方法论体系。周庆山指出图书馆学的理论基础是"图书馆哲学",认为它是"图书馆科学的元科学",能够指导图书馆与图书馆学的发展。蒋永福在论述图书馆哲学的内容时提出,图书馆哲学的"核心是为图书馆学理论确定正确的逻辑起点、逻辑中介和逻辑终点",能为认识图书馆现象的本质提供"理论参照",显然此处的图书馆哲学具备"理论基础"的性质。当然,学者们见仁见智,对图书馆哲学与图书馆学理论基础的关系持有不同见解。张广钦主张图书馆学理论基础是"图书馆哲学开展研究的有机组成部分",即图书馆哲学的范围大于理论基础。刘君等通过探讨图书馆哲学内涵,得出了图书馆哲学不等于"图书馆学+哲学"或"图书馆学基础理论",也不等于"图书馆学理论基础",更不是"某一种具体的哲学理论"的结论。此外,翟秀云认定图书馆哲学不是图书馆学的理论基础,因为它不是"图书馆学之外"的理论。由此可见,图书馆哲学的内涵究竟是什么,能否作为图书馆学的理论基础,仍然值得深入研究。

(四)信息哲学的尝试探索

信息哲学是情报学的理论基础,也是图书馆学的理论基础。张福学明确指出"图书情报学可以被看作是一门应用信息哲学,而信息哲学就可以

---

①赵颖梅.阅读推广理论与实践研究[M].成都:西南交通大学出版社,2015.

成为图书情报学的理论基础",开拓了哲学视角下理论基础研究的新思路。信息哲学既包括"信息"这一图书馆学长期关注的主题,又从哲学层面启发着图书馆学研究。屈兴豫等论述了信息哲学理论在图书馆学研究中的应用,从研究对象、奋斗目标、学科性质等方面剖析了图书馆学与信息哲学的关系,强调"信息哲学为图书馆学提供了新的理论基础"。此外,周雪华提出了不同的意见,她围绕卢西亚诺·弗罗里迪的信息哲学概念,认为"信息哲学与图书情报学及其自身建构范围的社会本质无关"。倘若如此,信息哲学就很难成为图书情报学的理论基础。目前我国图书馆学界的信息哲学研究并不十分深入,它作为图书馆学情报学的理论基础还有待继续探索。无论科学哲学、马克思主义哲学,还是图书馆哲学、信息哲学,其实都无法完全解释图书馆现象、揭示图书馆本质。从现实情况来看,哲学视角的理论基础不能完全支撑图书馆学理论体系,其他视角下的理论基础不可或缺。

二、信息知识视角下的理论基础研究

(一)资源认知的研究思路

在信息与知识的基础上,一些学者结合"资源"认知,提出了信息资源与知识资源的研究新思路,突破了传统的文献资源认识局限。20世纪80年代初期,陈士宗提出图书馆的任务是"发挥图书文献资源作为科技产品的动力",认定图书馆学是"开发利用图书文献资源的科学",强调了"文献资源"在图书馆事业与图书馆学中的重要地位。但因信息技术的突飞猛进,信息资源逐渐成为主流。1985年初,《图书馆学研究》编辑部响应邓小平"开发信息资源,服务四化建设"的号召,呼吁图书馆学学者们积极进行信息资源方面的研究。徐引篪等构建了以信息资源体系为核心的全新理论框架,其中信息资源管理理论是"图书馆学的理论基础",图书馆学是信息资源管理理论的"应用分支学科之一",宏观的信息资源认知完全突破了"馆内"与"机构"的限制,有利于更加科学地揭示图书馆的本质内涵。杨晓农认为2004年吴慰慈主编的《图书馆学基础》包含信息资源管理理论,标志着信息资源管理作为图书馆学的理论基础得到进一步的确认。信息资源管理理论在图书馆学研究中的应用是信息时代提出的新要求,图书馆学学者必须在信息研究中探寻图书馆学现代转型的新路径。随着信息概念逐渐被知识术语所取代资源认知亦从信息资源过渡到知识资源。柯平从知识基础论、知识社会论、知识交流论、知识组织论、知识集合论、知识管理论等学说中提炼出了"知识资源论",进而系统地阐释了"知识资源论"的基本内涵,并重新构建了图书馆学基础理论体系。赵益民论证了图书馆学知识资源研究的必要性,即"顺应社会发展、契合图书馆工作诉求、澄清偏颇认识、提升学科地位、促进图书馆运行效率"。信息与知识的"资源"认知开拓了图书馆学研究的新思路,有助于图书馆学夯实理论基础与提高学科地位。

(二)信息管理的理性思考

在信息技术推动下,图书馆学学者们开始从信息管理的角度探讨图书馆本质,寻求图书馆学新的理论基础。李景正简要评析1993年国家教委高教司颁布的《普通高等学校本科专业目录和专业简介》之后,提出"信息学揭示了图书馆学的学科性质",图书馆学应"向信息管理这个更高层次靠拢"。郭锦雯分析了信息管理的基本概念,从图书馆学、情报学、档案学的研究对象出发,认为图书馆学面向的主要领域是"微观信息管理"。在图书馆学"信息化"趋势下,杨玉麟基于实例分析认定信息管理将成为"图书馆学专业改造"的方向。党跃武经由信息管理视角下的全面思考,在阮冈纳赞"图书馆学五法则"的基础上阐释了"信息管理五法则",并以此作为信息管理的"正确指导",从而创新了图书馆学的研究内容。张建等论述了图书馆学与信息管理在产生背景、定义、研究对象等方面的异同,主张图书馆学与信息管理的关系并非"互相代替"或"互相排斥",而应"互相促进,共同发展"。王子舟认为信息科学中的"信息"概念和"信息过程"学说等对图书馆学有着重要启示与引导作用,因而成为图书馆学的理论基础。吴慰慈与张久珍指出,信息技术革命推动了图书馆学的新发展,图书馆学要在信息时代中"积极参与信息管理学科群的整合"。信息管理理论突破了传统图书馆学的认知范围,促使图书馆学进行变革与转型。

(三)知识管理的发展趋向

知识管理是信息管理的升华,引领着现代图书馆学的发展趋向。1964年袁翰青根据具体实践,将文献工作界定为"组织知识的工作"启发了"知识组织"理论的研究。20世纪80年代初期,基于图书馆外部关系的"知识交流论"逐渐兴起,随后刘洪波从图书馆内部视角出发提出了"知识组织论"。他认为只有从知识组织出发才能触及图书馆内部活动的本质,指导应用图书馆学研究并为其提供理论基础,进而实现与"知识交流论"的"衔接"。"知识组织论"极大地弥补了"知识交流论"的不足,夯实了图书馆学的理论基础。蒋永福等通过探析图书馆现象与图书情报工作实质,进一步阐释了知识组织论,指明知识组织理论是迄今为止能够寻找到的比较理想的图书馆学理论基础,是最具本质意义的图书情报学的理论基础,蒋永福等的研究成果既完善了"知识组织论"的内容,又夯实了"知识管理论"的根基。柯平主张要大力研究"以知识管理为基础的图书馆学",认定知识管理理论的应用"必将促进图书馆学的研究"。事实证明,以知识管理为基础的现代图书馆学研究取得了长足进展。李后卿等从具体实践、学科未来、理论内涵等方面出发,指出知识管理理论作为理论基础,深刻反映了图书情报学科转型时期的发展需要。顾敏更是认为知识管理与知识领航是"新世纪图书馆学门的战略使命"。图书馆使命与时代发展的紧密结合,提高了图书馆与图书馆学的社会地位。知识是知识经济时代的核心主题,知识管理则是图书馆学积极融入时代潮流的主要路径,以知识管理为基础的理论研究将成为图书馆学发展的一大趋向。

三、文化视角下的理论基础研究

(一)宏观文化的整体思维

图书馆是文化的建设者、传播者、保存者,图书馆学研究需要宏观文化层面的理论基础。李满花认为图书馆是一种"文化现象",图书馆学理论研究者应当"从图书馆与社会文化的互动(而不是被动)关系出发",激发图书馆的文化担当。宏观思维拓宽了学者的研究视角,从"互动关系"出发更能把握图书馆学的发展方向。傅荣贤主张图书馆学只有形成关于文化的超越性认识和无限性思考,为各种文化研究提供学理基础和价值参照,才能提高图书馆学的学科地位,强调了文化视角下的理论研究价值。而在具体的研究切入点方面,他明确提出图书馆学研究需要基于语义和语用层次的文化视角的有效介入,罗贤春、姚明与袁冰洁梳理了近现代社会文化变迁的脉络,指出图书馆学思想的形成与演变是由社会主流文化变迁过程中发生的图书馆相关事件促成的,从宏观抽象到微观具体的文化考察,能透彻地解释种种图书馆现象,推动图书馆学研究的进步。由此可见,立足宏观文化的整体思维既是图书馆事业发展的重要理念,也是图书馆学理论基础研究的重要视角。

(二)公共文化的发展潮流

《公共文化服务保障法》《公共图书馆法》都将图书馆定位为"公共文化设施",体现了公共文化对图书馆事业的影响,并且公共文化对理论基础研究也具有重要意义。肖希明探析了图书馆的"文化场所"价值,指出图书馆作为"社会文化运作的一部分"是图书馆"价值理性"的表现。推进公共文化服务体系构建有利于实现公共文化服务与图书馆事业的互相促进、共同进步。李国新、柯平等分别探讨了公共文化服务政策的价值和公共文化服务体系构建的"基本标准",期望通过加强公共文化服务体系建设来促进图书馆事业的兴盛繁荣。金胜勇等和余惊涛研究了公共文化服务体系中社区图书馆与高校图书馆的发展建设之路,为不同类型图书馆参与公共文化服务体系建设提供了理论指导。马艳霞从现有社会力量参与图书馆等文化服务机构建设的实例出发,系统总结了民间力量在公共文化服务中的参与主体、参与方式和参与内容,为社会力量参与公共文化服务作出了理论解释。王子舟则明确提出社会力量参与公共文化服务体系建设是文化发展的理性选择。公共文化视角下的图书馆学研究不仅是为了推动公共文化服务而进行的理论探索,更促成了图书馆学新的学科生长点。

(三)传统文化的历史根基

传统文化是我国学术研究的思想宝库,对其进行深入探索能够为中国图书馆学本土化提供思想源泉。李超平主张以"中庸适度"的立场来研究图书馆学,进而调和图书馆学中理论与技术等的矛盾,促进图书馆学研究的"客观化与科学化"。林晓霞认为儒学理论能够"启发、阐释、指导"图书馆学研究,改变西方图书馆学理论"一统天下"的局面,在世界图林中彰显中国学术的独特魅力。传统文化的现代阐释能够挖掘其内在价值,合理学习其精髓可以促进图书馆学理论的完善。王浩解读了"图书馆学本土化"的要点,提出我国图书馆学研究应吸取墨家思想的精华,从传统文化中"汲取丰富的发展养料"。传统文化闪耀着灼灼的思想光芒,是图书馆学研究的历史文化镜鉴。在2017年全国图书馆学基础理论研讨会上,王兰伟立足于"返本开新"的重要理念,在吸取新儒学核心价值的基础上重新定位了图书馆价值与图书馆人使命。以儒家思想为核心的传统文化标示着中国在世界文化史上的杰出贡献,图书馆学研究从中寻求理论支持也是顺理成章的。

(四)信息文化的认知范式

信息文化是信息技术的飞速发展所促成的新型文化形态,开辟了图书馆学理论基础研究新的文化视角。董焱认定信息文化可以作为"认识世界的新范式",以此为基础梳理了"20世纪中国图书馆学的历程",全面剖析了主流信息文化对图书馆学发展的重要影响,进而提出"图书馆学的内在理论基础是主流信息文化"。此外,他通过对信息文化概念与结构的阐释,系统分析了信息文化学研究的重要意义,指出信息文化学是图书馆学"新的理论基础的重要组成部分"。信息文化视角下的理论探索促进了图书馆学的现代化创新与转型,为理论研究注入了生机活力。郑金帆认为信息文化学研究能够开辟图书馆学新的研究领域,"为图书馆学情报学提供了新的研究角度"。邹凯等则明确提出信息文化是信息社会的"文化准则"与"文化支撑力",是"信息社会中图书馆的制度规范和行为方式",对图书馆的信息挖掘、开发、传播、利用、营销等有着重大影响。信息文化是新时代的产物,改变了人类对世界的认识,相关理论研究的开展也有利于图书馆学研究的深入。

(五)人文文化的特别视阈

在图书馆学的理论研究与实践活动中,程焕文认为"人的问题始终是一个头等重要的问题",在文化上重视"人"的人文理论是图书馆学研究的一个特别切入口。蒋永福采用"人文进化学和文化人类学的基本原理",重新分析了文献、图书馆、图书馆学的内涵,指出"图书馆学在呼唤人性的复归",提倡人文图书馆学研究。他还进一步阐述了人文图书馆学的相关内容,论证了人文图书馆学五定律。从人文文化视角研究图书馆学,可谓独辟蹊径,为理论研究的开辟创新探寻出了新的支撑基础。陈立华全面分析了文化哲学的内涵,提出将人视为"文化存在"的文化哲学是"图书馆学社会性思维的重要表现",认为"以文化为图书馆学的理论基础"能够促进图书馆学的理论创新,这种观点独具理论特色,既在文化研究中关注"人"

的存在,又从哲学高度强调了文化的作用。刘亚玲则认为工具层面与价值层面相结合的"文化关怀"是图书馆的使命与担当,倡导以人的"文化成长"为逻辑起点的学科关怀性思维。在 2017 年全国图书馆学基础理论研讨会上,梁灿兴基于图书馆学人文文化与科学文化融合的新视角,呼吁图书馆开拓"第三种文化",以期打破纯粹的人文与科学的分野。人文文化理论引起学者们竞相探讨,对于揭示图书馆学的理论基础大有裨益。

四、社会视角下的理论基础研究

(一)社会学的坚实支撑

芝加哥学派以社会学等为理论基础开展研究,促成了图书馆学科学化。自此图书馆学自觉地接受社会学理论的指导,产生了从社会角度探索图书馆学的研究路径。黄宗忠曾明确指出社会学的相关理论是"研究具体的图书馆的前提和理论基础"。社会学注重社会运行规律的研究,图书馆学合理学习其精粹,有助于认识图书馆与社会的关系,把握图书馆与图书馆学发展的规律。立足于社会学理论,卿家康提出图书馆既是"人类社会的产物",又是"社会的构件",主张图书馆学理论研究必须"从图书馆与社会的联系这个角度来考察"。刘君灵活运用社会学分析方法,得出了图书馆学是一门分野度较高的城市化度,较低的应用性的软科学的结论,深刻探究了图书馆学的学科性质,有助于准确认识图书馆学的内涵属性。邹武等则认为在知识论中引入必要的"社会之维"深化其"知识论"内涵以超越"图书馆社会学",是图书馆学理论基础研究的重要内容。社会是图书馆学研究永远无法避开的领域,吸收社会学相关理论以促进图书馆学研究是理所当然的。

(二)交流理论的持续拓展

知识、信息的交流与传播是图书馆工作的重点内容,交流传播理论的应用促进了图书馆学研究的深入。吕斌从分析信息革命与图书馆、图书馆学的关系入手,试图明确图书馆学的学科地位与相关学科,认为基于信息交流视角的图书馆学研究是"信息时代必然提出的课题"。周文骏则指出图书馆工作的实质就是通过交流作用促进知识、情报与文献的合理使用,帮助用户"认识世界和改造世界",因而"图书馆学的理论基础是情报交流"。宓浩等从知识的角度出发,系统阐释了"知识交流论",主张"图书馆活动的本质是社会知识信息交流",提出只有以知识交流论为基础,才能准确把握图书馆与社会之间的内在关联,进而开展"图书馆学的基础研究",从而构建图书馆学的理论体系。知识交流论极具理论价值,可谓是20世纪80年代中国图书馆学理论基础研究中闪耀的明珠。基于知识交流论的新发展,梁灿兴认为图书馆学传统意义上的知识交流与"出版级公共知识交流"相当,而在"自媒体"时代,图书馆应以"私域交流与公共交流连接的枢纽"的定位不断向公共交流领域拓展服务。周庆山预测传播学理论是现代图书馆学研究的矛盾关系的基础,试图构建基于传播理论的现代图书馆学的研究模式,从而在图书馆学研究中灵活应用传播学理论。交流传播理论能够有力解释图书馆宏观工作现象,因而成为图书馆学理论基础研究的重要内容,并受到众多学者的关注。

(三)中介理论的基本认识

"中介说"是一种关于图书馆社会定位的学术理论,诸多学者力图在"中介说"的基础上深入探索图书馆本质。1985年吴慰慈等提出"中介性是图书馆的本质属性"的观点,"中介性"对图书馆的存在起"决定性作用",图书馆的本质就是通过文献来实现人与人之间的间接交流的"中介物""中介说"研究不仅能深刻分析图书馆本质,更有助于揭示社会知识的交流模式。张冰指出图书馆是"社会性知识反馈系统",图书馆的本质属性是知识生产过程中的"中介作用",进而主张将"第二中介论"作为图书馆学新的理论基础。邹本栋利用"中介说"探寻图书馆本质,认为图书馆是联系物质世界与精神世界的"中介世界",是促进文献信息内容与价值转化的"中介部门"。荀昌荣结合"中介说"辩证地剖析了"世界3"理论,提出了与邹本栋相似的观点,认定文献是介于物质世界与精神世界之间的"中介世界"。顾敏则把图书馆定位为"知识活动的中继站",连接着知识生产社会与知识消费社会,形象地指明了图书馆在知识社会的地位。随着"中介说"研究的深入,图书馆学的理论基础研究愈加坚实。

(四)制度理论的宏观视野

制度理论能够阐释图书馆产生与运行的社会机理,有利于完善图书馆学的理论体系。考虑到图书馆所处社会环境,范并思提出"公共图书馆不但是一种社会机构,而且是一种社会制度",开启了我国制度视角下的图书馆学理论研究进程。蒋永福在知识权利、信息公平、图书馆制度的研究基础上，积极倡导"制度图书馆学"研究，论述了"制度图书馆学"的相关概念，认为"制度图书馆学"研究有利于从制度视角阐明图书馆的属性，并为"制度创新"提供理论基础。制度经济学作为成熟的"制度理论"，受到很多学者的关注。王株梅和任金红引入制度经济学理论，系统分析了图书馆制度的内在机理，促进了"非正式制度"的研究。制度经济学以成熟的理论成果，推动了制度视角下的图书馆学理论基础研究。范并思经过回顾与述评，充分肯定了2002至2012年公共图书馆制度研究的理论与实践意义。随着"制度理论"应用的持续发展，尤其是图书馆制度规范的逐步完善，图书馆学理论研究必然不断创新并迸发活力。

五、管理视角下的理论基础研究

（一）管理的广泛应用

"管理"一直是图书馆学学术研究的重要内容，也是图书馆学理论基础研究的主要视角之一。在20世纪二三十年代的中国图书馆学研究中，"占主流的是有关图书馆管理的观点"。图书馆管理实践源远流长，管理学理论影响十分深远。黄宗忠主张管理科学是图书馆学的理论基础学科之一，认为图书馆管理"离不开管理科学的般原理和方法"。顾廷龙提出，加强管理学等学科的研究"是丰富、推动图书馆学研究的重要措施"，能够促进图书馆科学管理中各种理论与实践问题的解决。管理学理论在图书馆具体工作方面的应用相当广泛，因而很早就受到人们的高度重视，当前学者的研究更侧重于管理学与图书馆学理论之间的关联。徐跃权以管理学为"参照对象"进行学科比较研究，分析了"管理学与图书馆学的内在联系"，指出管理学在"中观和宏观层面"能为图书馆学学科建设提供借鉴。郑学军等于图书馆学归于管理学类目的现实情况，梳理与分析了管理学在"理论研究、研究方法与研究主体"方面可供图书馆学参考的内容。由此可知，无论是实践层面还是理论层面，管理学与图书馆学密切相关，能为图书馆学发展提供参考借鉴。

（二）公共管理的合理参照

公共管理致力于"推进社会协调发展和增进社会公共利益"，能作为图书馆学学科建设的合理参照。龚蛟腾等将知识管理与公共管理相结合，探讨了相关学科的理论问题,"初步构建了公共知识管理的学科体系"。前期研究阐述了图书馆的实质是"公共知识中心",本质职能是"公共知识管理",图书馆学的实质是"公共知识管理学"。这些观点表明公共管理学可以成为图书馆学的上位学科,可以作为图书馆学的理论基础。图书馆事业是公共文化事业重要的组成部分。蒋永福认定图书馆属于"公共事业管理"范畴,"公共管理学"是"图书馆学的直接上位学科",并分析了"公共管理学视野下的未来图书馆学研究重点"。王茜等认为公共管理学既"可以影响到图书馆事业管理",也对"图书馆专门领域"的理论研究有重要意义。刘雄武从五个方面剖析图书馆的公共物品属性,提出以"公共物品"为切入点进行理论研究"具有不容忽视的价值"。张月英等则指出,随着公共物品理论与图书馆实践的不断发展,"民间资本"会介入图书馆服务,政府的职责将转变为"提供法律保障"与"进行监督管理"。在图书馆学研究中引入公共物品理论,不仅有助于认清图书馆的性质,更开拓了图书馆学研究的新方向。

(三)人本管理的关怀精神

人本管理思想抛弃了图书馆学中"以书为本"的传统观念,倡导"以人为本"的人文精神。蔡学君认为图书馆人本管理是"图书馆发展的内在要求",强调发挥馆员的主观能动性,肯定"人"的主体地位。于采惠指出"人本管理是指以人为根本的管理",论述了宽容管理情感管理、团队精神、无为而治等人本管理理念在图书馆实践中的应用。人本管理不同于传统的科学管理,更关注"人"的价值、成长与发展。人本管理思想有利于促使图书馆学研究摆脱工具性思维,树立人文关怀精神。张钦恩更愿意将图书馆人本管理称为"软管理",基于图书馆管理职能、对象、绩效、内容与图书馆职业特性的分析,阐述了实行"软管理"的必要性,提出只有"软、硬管理相结合",图书馆才能获得更好的发展。孔慧等基于人本主义在图书馆界的发展,明确指出人本管理是"21世纪图书馆管理精髓",积极倡导以人为本的图书馆管理理念。桑晓东等在探讨图书馆管理的"人本主义价值取向"基础上,认为图书馆管理应坚持"科学管理与人本管理、科学精神与人文精神"的统一,做到科学与人文两不偏废。人本主义与人文精神可以提高管理视角下图书馆学研究的抽象层次,夯实图书馆学研究的理论基础。

六、综合视角下的理论基础研究

(一)多元学说的有机结合

倘若说图书馆学理论基础研究的单一视角多限于自身领域,那么综合视角则为更多的学者所采取,主要体现在将多元学说的合理选取与有机结合作为理论基础。胡先媛通过分析发现该领域的"综合派",通常将图书馆学的理论基础定位为"包括多种理论、学说的学科群"。黄宗忠主张图书馆学理论基础是由哲学、"三论"、数学等"多学科组成的综合群体",在交融渗透中形成"不可分割的综合体系",明确了理论基础作为学科综合体的定位。郑全太认为图书馆学理论基础是"多学科促成的综合群体",其中包括哲学、文化学、经济学等学科。正如范并思所言,在理论研究多元化格局之下,"什么是图书馆学理论基础,一类问题已失去了孤立回答的可能性"。面对时代的多元发展趋向,图书馆学理论基础也要进行多元探索,为图书馆学研究提供新的支撑。王子舟指出,图书馆学理论基础研究具有"多样性、整体性、综合性"的特点。多元学说的有机结合能将内涵各异的理论统合入图书馆学理论基础之中,发挥其支撑合力。

(二)层次理论的有序整合

在综合视角研究中,部分学者认为理论基础具有层次性特点,各理论内容构成了一个有序体系,不同程度地支撑着图书馆学的发展。于鸣镐提出图书馆学理论基础的"层次观点",其中"最高层次上的理论基础"是马克思主义哲学,"低层次上的理论基础"是列宁关于图书馆学的思想,而第三层次是信息论。"层次观点"明确了理论基础中不同内容的地位的区别,有助于理顺理论基础中各理论内容之间的复杂关系。卿家康通过更加宏观的考察,丰富了层次理论的内容,指出图书馆学有深、浅两层理论基础。深层理论基础包括两个层次,第一层次为马克思主义哲学;第二层次涉及文化学说、社会学、信息科学、知识学与传播学等;浅层理论基础是综合以上理论而建立起来的"类现象学说",也是学科理论体系与深层理论基础关联的"最终中介"上述内容"以内在的联系结合成一个层次体系",共同支撑图书馆学的理论研究。层次理论不仅具备综合性的宏观视角,更以有序层次区分了各理论基础内容不同程度、不同效力的支撑作用。

（三）宏观科学的有力支撑

在多种理论的结合与整合之外,某些综合性极强的宏观科学也是图书馆学理论基础的重要内容。在20世纪八九十年代极为流行的系统论、信息论、控制论,即系统科学因与社会信息活动密切相关而且具有宏观的理论解释能力,被不少学者认为是图书馆学的理论基础。黄宗忠曾指出,图书馆既是一个由"要素"组成的完整系统,同时又是社会大系统的"子系统","三论"在信息系统工作方面"为图书馆学研究提供了理论基础和方法",杨文祥等分析了人类社会系统的运行发展以及信息、知识与社会之间的关系,也主张"三论"是图书馆学的科学基础与理论基础,目前研究广泛的知识管理理论也因为其综合性而被学者当作图书馆学理论基础。李后卿等提出,知识管理理论正是因为广泛融合了哲学、心理学等等学科的原理与方法,是一种典型的综合交叉型学科理论,才能反映图书情报学科现代发展的需要,成为图书情报学科的理论基础。在理论基础研究中,比起内容相对专深的"小"学科的组合,宏观科学有着更强的理论支撑能力,更受学者青睐。

（四）其他理论的有效叠加

由于研究切入点的差别,学者们对图书馆学理论基础的认识有不同的见解与观点。李明华认为图书馆学理论基础研究"必须从认识社会文化的规律开始"且"只能是马列主义的文化学说",只有如此才能深刻地认识到具有文化属性的图书馆的发展规律,顺利建立中国特色的社会主义图书馆学。随着信息技术、网络技术等的蓬勃兴起,新技术理论与观念不断影响着图书馆事业与图书馆学理论的发展。张勇分析了新技术对省级公共图书馆的影响,提出了五种新型的省级图书馆管理模式,汪苏明以科学技术哲学为批判工具,重新审视了图书馆学发展的"价值判断"问题,反对图书馆学的"单向度发展"提倡科学与人文的结合,重视理论创新。尹鸿博论述了文化学和信息学理论在图书馆学的应用,主张图书馆学理论基础是"文化学和信息学",穆允军基于文化哲学视角,指出传统"和而不同"的文化哲学观有助于解读图书馆学本土化与国际化的关系。虽然这些立足于不同切入点的理论研究有的尚不成熟,有待进一步深入研究,但必须明确的是,图书馆学理论基础是一个庞大的体系,需要不同理论的共同支撑。

通过考察梳理中国图书馆学理论基础的研究状况,可以发现其具有多元综合的显著特点,能够全面支撑图书馆学理论体系。我们在此基础上认为,目前图书馆学理论基础研究的发展目标是对多元理论进行分析、梳理、归纳与总结,逐渐探寻出理论基础的核心内容,凝聚相关理论的内在价值,从而为图书馆学研究提供坚实有力的理论根基。正如张久珍在2017年全国图书馆学基础理论研讨会上的总结:"我们正处于图书馆事业大发展的时代,要继续思考、继续探索、总结经验、识别规律,并上升到理论高度,为图书馆学基础理论研究做出应有的贡献。"图书馆学理论基础的研究,就是在为图书馆学不断夯实理论根基,挖掘新的学科生长点,以促进图书馆学的可持续发展。

第三节 图书馆学研究流派

图书馆学在我国已经有近百年的发展史,在发展进程中广受西方影响,具有兼收并蓄的风格。关于图书馆学研究流派的划分,刘迅将17世纪以来西方图书馆学领域所出现的各种思想与思潮归纳为实用派图书馆学和理念派图书馆学两大流派;徐引篪、霍国庆认为实用派和理念派不过是图书馆学研究的两种倾向,基于西方图书馆学发展的多样化特征,他们将其划分为技术学派、管理学派、社会学学派、交流学派、新技术学派、信息管理学派等7大学派。

学科流派的形成与演变能在一定程度上体现学科的发展与变化。随着社会发展与科学技术的进步,我国图书馆学的研究形成了百家争鸣的局面,因为研究方法、研究理念、研究领域的不同,学科内部也逐渐形成了个性鲜明、价值取向不同的"研究流派",在网络图林中,被戏称为"人文烟鬼""技术酒徒"和"实证茶客"。①

一、人文学派

人文学派倾向以社会认知为研究对象,以理论思辨为研究方法,提出关于图书馆现象本质和规律的基本看法和理性认识。他们借助理性思维的抽象与思辨,对纷繁复杂的表象、各种具体的经验事实进行比较、分析、

①杨启秀. 高校图书馆管理与服务创新研究[M]. 北京:国家行政学院出版社,2018.

提取图书馆现象和活动中普遍的、共性的、本质的特性,并加以高度概括而形成图书馆学基本概念和原理。其研究领域主要集中在基础理论与事业发展方面。

(一)形成与演变

进入改革开放新时期以来,人文学派以图书馆学理论重建的先驱者与开拓者的姿态登上中国图书馆学研究的舞台,继承1978年之前的研究理念,同时也引入了世界最新的理论研究成果,具有承前启后的作用。

1.20世纪80年代人文学派的形成

20世纪80年代是一个思想交汇与冲突的时代,图书馆学情报学人从文化浩劫的压抑中解放出来,全身心地投入研究,诸多原典式的专著、论文、观点直到今天还为图书情报学界奉为圭臬,大量具有开创性的认识、会议、讨论、争鸣直到今天还为图书情报学界所津津乐道。正是在这一理论重建的时期,图书情报学人以广阔的视角与哲人的思辨投入图书馆学基础理论的研究,在学习与借鉴的基础上对中国经验图书馆学进行了根本性的批判。1981年《图书馆学基础》出版,对当代中国图书馆学基础理论研究的兴盛起到了关键性的作用。1984年,中国图书馆学会在杭州召开基础理论会议,会上就图书馆学的研究对象、内容、学科性质等重大基本理论问题进行了深入讨论。周文验的文献交流说、吴慰慈的图书馆中介说、宓浩的知识交流说为基础理论研究的发展做出了重要贡献,彭斐章致力于目录学研究,谢灼华在图书馆史方面著书立说,张琪玉主攻分类法与主题法,推动了图书馆实践工作的发展;詹德优在文献检索方面的贡献促进了图书馆工作的自动化,谭祥金等图书馆馆长则通过推动政策的确立促进了图书馆事业的发展。此外,刘迅主张将世界3理论作为我国图书情报学理论的基础,他曾经拜会过波普尔和布鲁克斯,是世界3理论的坚决拥护者。彭修义借鉴西方的"知识信息爆炸""情报爆炸"的说法,论述了以计算机技术应对信息爆炸的局限,提出开展"知识学"研究的倡议。从此,中国图书馆界开始摆脱对图书馆实体的关注,冲破机构研究范式而进入更为广阔的研究领域。

这些学者大体上构成了图书馆学研究的人文学派,他们的主要贡献集中于20世纪的八九十年代,学派特点是理论的重建与拓展。

2.技术冲击下的人文反思

在技术学派的猛烈冲击之下,图书馆学人文学派的研究陷入低谷,理论成果不多且被纷繁的技术创新与学科院校倒闭风潮所掩盖,这一时期人文学派开始了反思。

文丰认为当时的图书馆学缺乏"和谐的理论""优秀的大家""科学的成果",表达出技术冲击下的基础理论研究处于低谷的悲观情绪。此时的研究成果多为一些回顾与总结式的论著。到20世纪90年代中后期,经过深刻反思的人文学派研究才有所起色,吴建中通过与国际知名图书馆学者的对话与访谈,从14个方面探讨了图书馆未来的发展,观点新颖,论述深入,充分体现出人文研究精神。黄纯元基于西方图书馆学的最新进展,完整地介绍了芝加哥学派的研究思想,进一步发展完善了其所提出的知识交流学说。霍国庆等顺应潮流,将图书馆学研究对象确定为信息资源体系及其过程,以此为主线比较系统地论述了基础理论的一些基本问题,在国内产生了深远影响。

经过积累与反思的人文学派不断壮大,一批海外博士的归国与本土博士的成长,更为图书馆学注入了活力,成为促进图书馆学基础理论与人文研究再上新台阶的重要动力。

3.人文理念的提升

2004年,以中国图书馆学会年会为契机,经过深刻反思与长期蛰伏的人文学派重新成为中国图书馆学研究的主角,其理论研究开始注重图书馆理念的建设。

(1)以知识理论推动基础理论与实践的发展。进入21世纪后,面对信息的激增,图书情报学开始关注如何能在信息爆炸的环境下迅速地找到信息,帮助人们解决问题,知识管理开始兴起。王子舟提出知识集合概念,并在《图书馆学基础教程》一书中系统阐释了知识集合是图书馆学研究单元。柯平提出图书馆学的研究单元是知识资源。邱均平、文庭孝等先后论述了知识单元概念,知识单元成为图书情报学界关注的重点。图书情报学界亦开始着眼于用户的认知观念,深入挖掘信息内容。初景利针对国内外的图书馆消亡论,提出必须通过确立融入数字化战略、嵌入教学科研过程、提供移动服务、创新学科服务,将知识管理与知识服务置于图书馆的核心业务之地位,构建真正的以用户为中心的业务模式与管理机制,重构适应数字环境的新型图书馆范式。

图书馆学基础理论研究已逐渐完成了知识论的转向,涌现出一系列与知识相关的理论成果,如"知识交流论""知识组织论""知识管理论""知识集合论"等,这些成果成为理论研究最为突出的成就。

(2)理念研究推动事业发展。在经历了一段时间的低潮与反思后,部分学者开始认识到理念的缺失是图书馆事业面对信息化冲击迅速萎缩的重要原因。终于,在他们的推动下,中国图书馆学理论研究于2004年出现重要转折,基础理论从更高层次回归。在实践上,一场促使公共图书馆回归到"公共"本质上来的新图书馆运动应运而生。之后,以图书馆精神、图书馆核心价值和图书馆权利为主要内容的基础理论得到深入的研究。

程焕文概述了近年来我国图书馆精神研究的基本情况,阐述了图书馆精神理论的主要内容、发展过程及社会影响,认为图书馆精神既是历史和现实的客观存在,也是中国图书馆事业发展的内在动力。蒋永福提出图书馆是民主社会为了保障公民的知识权利而选择的制度安排,强调维护和保障公民的知识权利。黄宗忠、王知津、范并思等学者通过系统研究,初步构建起了图书馆核心价值。罗贤春、姚明梳理了1984年杭州会议以来的图书馆价值研究的历程,认为制度保障价值、信息中心价值、经济促进价值、空间拓展价值和文化象征价值是公共图书馆价值的集中体现先进的理念也推动了图书馆事业的发展,图书馆价值逐步显现,图书馆成为社会文化事业中最为活跃的机构之一。

(3)政策支持保障事业发展。公共图书馆从本质上看是作为一种社会制度出现的。图书馆事业的发展与国民经济的发展和社会文化的进步息息相关,图书馆是政府利用税收保障运行的文化事业,需要得到政府的支持。图书馆制度研究,是图书馆学基础理论研究的重要组成部分,包括具体的图书馆规章制度、图书馆界的整体管理方针、保障图书馆事业顺利发展的法律法规等。

蒋永福认为图书馆制度保障是公民的知识权利,主要有知识自由、平等、共享的权利以及知识休闲权利。以李国新为首的图书馆法研究者从立法必要性、中外比较、立法环境等方面进行了系统的研究,在《中国图书馆学报》的"公共图书馆法支撑研究"专栏中发表了相关成果,并促成了部分成果的结集出版,2011年《公共图书馆法》草案完成并上报国务院法制办审议。

于良芝根据国内外有关公共图书馆战略规划的相关文献,提出我国公共图书馆界有必要考虑借鉴国外图书馆的战略规划经验,普及战略规划的原理和方法,使战略规划真正成为图书馆管理的工具。树平从图书馆战略规划的理论、模型与实证3个方面构建了适合我国各级各类型图书馆的实用战略规划模型与指南等,论述了如何在国家发展理念和发展方式转变的背景下,特别是在公共文化服务体系中获得战略竞争地位和发挥新的作用的宏观现实问题。与此同时,图书馆人文研究学派中有一个特殊的馆长群体,他们大部分是非图书情报专业出身,是其所在领域的杰出学者,成为图书馆馆长之后积极探索图书馆发展道路,并通过自身的影响力在一定程度上为宏观的区域图书馆或者微观的单个图书馆的政策制定提供支持,为图书馆争取到了资源与话语权,如吴建中着重介绍信息共享空间产生的背景和最新发展动态,认为开放存取运动和信息共享空间等为图书馆发展提供了新的机会。

他们通过探索图书馆与社会发展的关系,为图书馆政策的制定提供了坚实的理论支撑与实践经验,使图书馆成为人们普遍认可的社会制度。

(二)原因分析

在古代图书馆知识与近代图书馆科学的碰撞与融合中,中国的现代图书馆学得以诞生与发展。1949年之后,特殊的历史原因中断了学科发展的进程,进入新时期,人文研究学派得到重视并得以发展。其形成与演变主要受到传统文化素养、国外人文科学理念和文科学科定位的影响。

1.历史继承——传统文化素养

现代意义上的图书馆学诞生于西方,但是与图书馆相关的知识创造在我国则有着悠久的历史,作为文明古国的中国早在商周时代就有了具有图书馆职能的机构,在3000多年的历史进程中,以文献学为主的文献工作取了很多重要成就,古代有关图书的版本、校勘、注释、分类、目录、辑佚、辨伪、编纂等学问,被晚清学者及近代学者笼统称为校勘学或目录学。

在20世纪初期西学东渐的潮流中,中国的现代图书馆学开始萌芽,最初的研究者与图书馆实践者,大多是一些受过中国式教育的具有良好历史学、文献学、金石学素养的来自传统士大夫阶层的人士,如罗振玉、徐树兰、孙毓修。之后,一大批人文学者与社会活动家开始为图书馆界竣与呼,1912年,鲁迅先生曾担任主管文化事业的领导职务,在建设通俗图书馆方面做出了重要贡献,1918年,李大钊进入北京大学图书馆,积极宣传国外先进经验,努力推动图书馆改革以扩大图书馆的社会影响,被誉为"中国现代图书馆之父"。1925年,国学大师梁启超当选中华图书馆协会董事部部长,率先提出建设"中国的图书馆学"的号召。

之后,留学美国归来的一批学者和文华图书科与文华图专培养的一批本土图书馆学者开始登上历史舞台,始终不曾放弃对中国传统的图书馆知识的挖掘与整理,涌现出了王云五、顾廷龙等文献整理编目家,柳诒徵、袁同礼等经营服务拓展家,杜定友、刘国钧等学科理论创建家,沈祖荣等专业人才教育家在整个文化教国的时代,人文气息充满了图书馆学研究,是20世纪80年代人文学源之形成的最为深厚的历史渊源。

2.外来思想的吸收——人文科学理念

在中国近代化的艰难探索中,先后经历了以欧、日、美、苏等为师的不同历史阶段,而图书馆学也受到社会大环境的影响,吸收了来自世界不同文化与文明形态的图书馆理念,在与自身特点相结合的过程中形成了兼收并蓄的风格。

19世纪末20世纪初,西学东渐从器械与机械的引入转为对制度与思想的探索,关于西方图书馆的书籍大量传入中国20世纪初,经历了甲午惨败的中国,大量知识分子选择留学日本,"图书馆"这个词正是由日本舶来,"五四运动"之后,以清华留美预备学校等为基础,中国知识分子大量留学美国,中美文化交流空前顺繁,与此同时,美国的韦棣华女士来到中国,创办文华图专,推动了中国图书馆学教育的发展。之后,具有留学美国背景和文华图专培养的图书馆学者成为我国图书馆学研究的主体,这一时期我国大量引入美国图书馆学研究理念,芝加哥学派提出强调图书馆与社会的互动关系的理论图书馆学在此时传人,新中国成立以后,我国奉行一边倒外交政策,全面学习苏联,在图书馆学方面先后引入关注阅读的列宁、鲁巴金理念和关注交流的丘巴染和米哈依诺夫理念无论是哪一个阶段、哪一个国家的图书馆学均是作为人文社会科学定位的,其理论构建与实践应用都充满了人文精神与人文理念。

3.现实学科定位的引学——文科教育实践

1977年之后高考制度恢复,教育事业得到恢复与发展。图书馆学作为一门学科被纳入文学类别,并开始重新开始招生,且图书馆学学科类别已经变化。

20世纪70年代末80年代初,图书馆学专业属于中国语言文学中的一个类,毕业生授予文学学位,档案学则往往开设在历史系,1992年,首届图书馆学专业系主任联席会议确定了12门核心课程,其中包含图书馆学基础、中国图书与图书馆史、目录学、文献资源建设、文献分类与主题法、文献编目、读者研究等课程,体现了较为鲜明的人文科学归属1993年的《普通高校本科专业目录和专业介绍》中,图书馆学、信息学、出版等学科被合并为图书信息类,档案学类被归入历史学,1997年的《授予博士硕士学位与培养研究生的学科专业目录》将图书馆情报档案管理定为一级学科。

2003年,在湖南湘潭大学召开了教育部高等学校图书馆学学科教学指导委员会第二次工作会议暨图书馆学系(专业)主任联席会议中,图书馆学学科教学指导委员会最终确定了图书馆学本科核心课程为7门,包括图书馆学基础、目录学概论、信息组织、信息资源建设与服务,图书馆学学科归属经历了文学、历史学、管理学等类别,均具有人文科学的部分属性。这一时期培养了大量图书馆学人才,毕业生大多进入高校或者图书馆,并以其现有知识结构为基础不断吸收新知识,将人文研究稳定在了图书馆学领域中,部分毕业生成为专业教师,人文理念得以一直延续与传承。

二、技术学派

技术的发展对图书馆学研究与实践做出了巨大贡献,美国雪城大学S,Nicholsom教授在"数字图书馆前沿问题高级研讨班"的讲演中指出,图书馆界过去5年的变化超过了前面100年的变化,而未来5年的变化将使过去5年的变化变得微不足道1技术学派倾向以技术主导为研究理念,以现代信息技术为研究方法,将图书馆学研究构建在更为广阔和坚实的信息技术基础之上,他们侧重技术构架的搭建,探索技术的现实性,致力信息的整合,力求在分布式信息环境中,将分散的信息资源组织成一个完整的体系,以支持高效的信息检索和知识挖掘。其研究领域主要涉及图书馆应用技术,将与信息相关的新技术引入图书馆事业的发展中.

(一)形成与演变

1975年,刘国钧首先向国人介绍了机读马克,并论述了其在提高目录检索效率方面的主要意义,图书馆学技术思想在我国初见端倪。

1.萌芽阶段——计算机分类与检索技术的超步

20世纪80年代,正值我国计算机工业初步发展阶段,微型计算机刚开始在政府管理机构普及,图书馆界既试图引进计算机进行流通业务的管理,并且陆续研制成功一批计算机化的流通管理系统软件。陈光祚介绍了不列颠图书馆自动化情报服务的研究与建设现状。卢脉庄认为使一个学术图书馆自动化,并不存在一个有待发现和应用的千篇一律的公式,可以采取的方法有等待发展、直接进入全自动化系统、逐渐发展进入全自动化系统等。张晓林介绍了联结众多终端和众多图书馆的大型计算机网络、服务于一个或少数几个邻近图书馆的独立计算机系统、寄居于外部计算中心的图书馆应用系统,这些计算机系统执行采购、编目、流通管理、期刊管理、查阅等功能。1985年,北京图书馆成立了自动化发展部,并在此之前引进日本M-150H电子计算机,继而开展了一些研制工作,为新馆采用大型计算机系统做好准备。

孟连生介绍了文章之间的引证和被引证现象,具体地、定量地体现着科学在纵向上的继承与发展关系和横向上的各学科之间的差别与联系,认为由引证关系形成的科学文章之间的引文链使整个学科成为一个跨越时间和空间范围的完整的系统。正是在这样的理论研究支撑之下,中国科学引文数据库于1989年由中国科学院草创这一时期的技术主要关注图书馆自动化的发展,但是由于当时计算机水平发展的落后,其研究处于起步阶段。

2.形成阶段——信息技术冲击下的信息化建设

20世纪90年代中后期,以中国数字图书馆工程为代表的数字化建设全面铺开,信息化建设的发展为图书馆技术范式的形成提供了设备与技术的基础。1997年"中国试验型数字式图书馆项目"成为国家重点科技项目;1998年国家"863"计划智能计算机系统主题专家组设立了"中国数字图书馆示范工程",文化和旅游部与国家图书馆启动了中国国家数字图书馆工程,标志着中国数字图书馆工程进入实质性操作阶段;1999年初,国家图书馆完成"数字图书馆试验演示系统"的开发。在图书馆计算机网络建设方面,金桥网、教育科研网、科技网、公用计算机网作为我国国家级的四大计算机互联网络随之先后建立起来,在数据库建设方面,中国科学引文数据库相继出版了《中国科学引文索引》与中国科学引文数据库检索光盘,并利用文献计量学原理制作了《中国科学计量指标:论文与引文统计》,在网络化、数字化信息资源建设方面,国家级项目"新中国成立后中文图书书目回溯建库""中文图书书目回溯建库研究"先后建成,CNMARC完成编制并通过鉴定并被文化和旅游部确定为文化行业标准等。

在技术理论创新方面,陈光祚指出,电子出版物的出现,对计算机自动标引、自动文摘、自动分类、自动翻译等提供了必要的前提条件,也使文献计量学开闱了新的应用领域,他还论述了现代技术对图书情报学科群的影响,凸显了技术在学科发展中的地位;苏新宁致力于汉语文献自动标引的计算机实现;候汉清结合计算机技术探索词表的计算机辅助编制系统、自动切外、双向排序等方法;赖茂生探索设计了基于超文本结构的后控词表模型;董慧设计了多媒体人文信息系统;张晓林提出了简单链接索引语义网络形式和链接推理器等链接实现的基本方法和过程;毕强指出数据仓库和数据采集是90年代企业信息管理技术构架的新焦点,并主张将其引入图书馆信息组织中来;张学福、冷伏海介绍了基于内容的图像检索技术特点和图像搜索引集等,分析了含图像商标信息数据库的检索问题。这一时期,技术学派从计算机技术的视角去审视图书馆与信息的检索与组织,将新的计算机与网络技术引入图书馆领域。

3.演变阶段——信息技术的创新推动图书馆范式的转变

进入2000年以来,随着网络与计算机技术的发展,引文数据库的建设得到长足发展。2001年初,国家计委批准立项"全国党校系统数字图书馆建设计划",北京大学等院校相继成立数字图书馆研究所,在全国范围内掀起了数字图书馆建设和研究的高潮。国家重点科技项目"中国试验型数字式图书馆"通过专家技术签订,中国数字图书馆已经进入初步实用阶段,建设初具规模,从2006年开始,国家科技图书文献中心投入建设集文献发现、引文链接、原文传递为一体的国际科学引文数据库,该数据库成为了解科学研究进展和相关文献、扩大信息获取范围、获得有价值的文献资源的重要平台与途径。

陈光祚致力于个人数字图书馆的研究,并且带领博士研究员研制了WINSIS软件并大力推广,促进了书目数据库、事实和数值数据库及全文数据库的建设;刘炜系统论述了数字图书馆建设与发展的技术支撑等问题;

孟广均等介绍了国外图书馆界新技术的应用进展,为技术研究的深度与广度扩展提供了参考借鉴;黄如花总结了网络环境下的信息组织模式及其技术支撑;马费成以 WINISIS 软件构建的数据库为基础,系统实践了共词分析、共被引分析、可视化实现方式等一系列知识管理的相关理论方法;叶度指出 Web2.0/Link2.0 的核心精神是"开源、耳动",图书馆 2.0 资源模式是具有微结构的微内容,实现这一模式的技术途径是需要一个图书馆 2.0 的核心引擎,并总结了支撑与实现图书馆 2.0 的相关技术;张志雄、郭家义、吴振新等从技术体系、技术策略、技术标准和保存元数据 4 个不同的角度对数字信息资源长期保存当中的技术问题进行了分析和论述。图书馆学技术范式逐渐形成,并且随着技术的发展与演变而不断调整研究视野,其倡导与追随者形成了最早的技术学源。

从 2004 年开始,旅美图书馆界学者倡议并举办了"数字图书馆前沿问题高级研讨班",至今已经举办了 10 届,对我国数字图书馆的发展起到了良好的促进和推动作用,逐步成为我国图书馆界全面了解国外数字图书馆发展状况、获得新信息和追踪新技术的重要渠道。张晓林面对数字图书馆面临着新的信息环境、用户需求和竞争市场的挑战,提出建立支持知识内容、应用环境和应用群体有机交互的 E-knowledge 机制,并论述了相关的支撑技术,其后,他进一步论述了可能颠覆数字图书馆的种种技术进展趋势,提出了应对这种颠覆的技术与理论准备进入 21 世纪后,技术学深一方面继续关注高新技术的发展,不断地介绍国外先进的技术与我国的技术成果,以促进技术应用与图书馆实践。另一方面,将目光投向技术——人文领域,用技术实现理论研究的构想。

(二)原因分析

计算机与网络技术的发展深刻影响了人们的思维方式,对图书馆事业的影响也是革命性的,是图书馆学技术思想得以从一种理想成为现实、从一种理论发展到一个研究学派的最为重要的推动因素。

1.历史继承——道器之辩下的"道器并重"思想

1840 年之后,中国进入近代化的艰难探索之中,在对待西方新鲜事物的态度上产生了分歧,爆发了道器之辩与体用之辩,张之洞按洋务派的观点对"中体西用"做了新的阐述即"中学为体,西学为用"成为当时中国学术界的重要思想指引"中体西用"的口号表明在中国传统文化破裂氛围中成长起来的时代精英,一定程度上已经意识到了传统文化重理而轻器的弊端。

这些为"器具"或者是"技术"的引入与广泛推广提供了思想基础。而早期的中国图书馆研究者基于此种影响,再引入西方图书馆学的时候也完整地引入了书架等"工具"与"图书分类法"等技术,并一直以学习的态度关注国外的图书馆工具与技术的进步。

2.外来思想的继承——计算机自动化趋势

1945年7月,V·Bush(万尼瓦尔·布什)在《大西洋月刊》上发表的《As We May Think》,被中外多数情报学家视为情报学诞生的标志,该文提出了计算机自动检索文献的天才构想而这一构想的实现是以设备革新和技术进步为基础的。可见,情报学在诞生之初就有着技术取向,随着后来图书情报学的融合,技术的传统得以保存并深入,在图书馆学发展历史上,19世纪末20世纪初的英国图书馆学有着鲜明的管理学派色彩,其更加关注如何通过科学的管理、合理地运作图书馆的各种活动,是西学东渐时期我国的学习对象之一,甲午之后,中国知识分子开始探索建立不同于古代藏书楼的近代图书馆以启迪民智、救亡图存,这时关于图书馆的若述多为宣传与介绍之作,且多翻译日本文献,而日本的图书馆学文献又主要来自英国,在英日的双重影响下,我国图书馆学早期的萌芽中带有与管理相关的技术思想而留美归来的图书馆学者们带来的以杜威实用主义为代表的研究理念,进一步为技术思想的形成打下了坚实的根基。

20世纪六七十年代,是第三次科技革命不断深入发展的时代,兰开斯特在电子时代的图书馆和图书馆员中描述了未来在计算机技术推动下的电子图书的出现与阅读载体的转变,并预测了图书馆将走向消亡,布鲁克斯在《错报学的基础》中论述了客观知识的组织、数据公开化等内容,主张把静态的知识结构激活:提出了建立体外知识仓库——体外大脑的思想,并论述了要实现体外大脑的技术性预测。1996年国际图联大会在北京召开,主题为"变革的挑战:图书馆与经济发展",此次大会的召开让我国图书情报学人近距离地接触了国际上先进的图书馆理念,尤其是国外信息化技术的发展与信息化建设的成就对我们有很大的启迪。这些来自世界范围的技术理念的传入,使技术成为图书情报学研究的重要领域,促成了技术学派的形成。

3.现实学科定位——计算机学科的冲击

1977年,在北京大学和武汉大学重新开始招收图书馆学专业学生的同时,中国科学院研究生院(现中国科学院大学)与中国科学技术大学也开始招收科技情报专业本科生,之后武汉大学与北京大学恢复了情报学专业的招生,当时的情报学被归入了理科20世纪80年代末期在"拓宽专业口径,淡化专业界限"的号召下,图书馆学、档案学、情报学3个专业一体化的进程,使专业的界限更加模糊,图书馆学与情报学开始融合发展。

20世纪90年代初,图、情、档3个专业终于走到了一起,变成了图书馆情报文献学一级学科,归属理学,1992年首届图书馆学专业系主任联席会议所确定的12门核心课程中,社科文献检索、科技文献检索、图书馆管理、文献管理自动化、图书馆现代技术等也赫然在列,技术研究开始进入图书馆学专业核心知识体系1998年,由科技信息管理、管理信息系统、经济信息管理、林业信息管理、信息学等合并为信息管理和信息系统专业,其技术倾向更为明显,在一些院校开设的信息管理与信息系统专业被划入计算机学院,授予理学的学位,情报学本科改为信息管理与信息系统,偏重计算机技术。在硕士研究生阶段,则将信息管理与信息系统列为管理科学与工程下的二级学科,均体现了技术研究的取向,2003年,图书馆学学科教学指导委员第二次工作会议暨图书馆学系联席会议中,将信息描述、信息资源建设与服务、信息存储与检索、数字图书馆确定为图书馆学本科核心课程。

在这样的教育模式和情报学理科取向的现实要求下,图书馆学技术学迅速成长,成为图书馆学研究的重要分支。

三、实证学派

陈传夫通过对比中美图书馆学期刊文章引文情况,发现中国更关注非生命系统领域的知识借鉴,其中计算机学科排名第一,社会学排名第二,据此提出目前中国图书馆学知识体系更接近于应用学科,社会学实证方法的使用成为图书馆学研究的一个重要方面实证学派倾向以论据支撑论点的实证为理念,以数据的获取与分析为研究方法,为提出的图书馆学理论假设而展开论证性的研究,实证研究具有鲜明的直接经验特征,所推崇的基本原则是科学结论的客观性和普遍性,强调知识必须建立在观察和实验的经验事实上,在收集与分析数据的基础上提出研究结论,并且要求这种结论在同一条件下具有可证性,目前实证学派的研究领域主要集中于信息计量领域和与图书馆学研究的具体问题的研究中。

（一）形成与演变

1978年之后,原应社会科学定量研究的趋势,文献计量方法作为基于数据计量的研究方法成为图书馆学研究实证方法的代表,随着理论的发展与进步,文献计量发展到信息计量并逐步进入知识计量阶段。与此同时,关注于用数据揭示图书馆与社会发展关系的社会学实证研究开始兴起。

1.社会研究方法的零星使用与文献计量的兴起

在20世纪八九十年代,图书馆学研究着眼于理论重建与事业的宏观构建,部分提及了社会学的实证研究方法,在相关学科的论述中也探讨了与社会学的关系。这一时期的实证研究并不普及,只是实证方法的零星使用,成果也屈指可数。其中,肖自力主持的全国文献资源调研与布局研究、以全国文献资源调研与合理布局领衔的一批具有实证研究特征的成来相继发表,成为这一时期社会学实证研究的代表作品。

此外,图书馆学领域的独特的文献计量学开始兴起。王崇德以日本小森隆使用文献调查法对高分子工业技术革新方向的预测,论述了以文献计量数据为基础的情报预测分析方法。屈福才综述了文献的计量化发展概况,介绍了关于文献情报的度量以及有关的几个概念和基本定律,说明了文献计量化研究的应用领域。应淑贞介绍了荷兰兰敦大学科技管理部门利用文献计量数据评定大学研究成果的一种方法,认为文献计量法能对大学研究管理和科学政策起到"监视器"作用,基于文献计量的数据是科学政策制定的重要实证依据。进入90年代后,文献计量学的研究逐步成熟,通过文献计量的期刊分析研究开始出现。

随着系统的计量学思想的引入与计算机技术的进步,基于文献计量的实证方法体系基本成型。

2.以信息计量方法为代表的实证方法走向成熟

21世纪初,信息化进程不断加快,文献计量学开始向信息计量学过渡,邱均平的《缩息计量学》注重理论和实践相结合,通过各种图表、实例和案例,深入浅出,集中探讨了信息计量学在各个相关领域的具体应用,其内容涵盖了文献计量学的精华内容,保留了大量的典型实例。他倡导以信息计量为基础的实证,通过获取数据并进行计量分析,从而得出结论,其思想成为之后期刊评价与描述的实证方法基础,之后,他又将信息计量的理论与方法引入了人文社会科学评价中,通过人文社会科学评价理论、评价体系、评价实践等方面的研究,构建了理论方法实践相结合的人文社会科学评价体系,十分重视关于人文社会科学研究评价的理论与评价体系应用于实践的实证性研究,实证了H指数用于学术期刊计量分析与评价实践、大学评价实践、区域研究竞争力评价实践。其对于评价的基本思想是基于信息计量的实证,对人文社会科学的评价实践的科学、公正、规范化发展具有重要指导作用。

2005年以来,刘则渊率领其团队在国内最早开展知识图谱研究,以科学知识图谱研究促进知识计量学发展,迅速在国内掀起了一阵热潮,形成知识可视化的知识计量研究范式。他敏锐地察觉到信息可视化技术将对科学计量学带来巨大的冲击,带领学生翻译国外文献,探索科学学的新领域、新方法,在知识图谱理论与方法的推动下,对于学科关系与学科发展趋势的研究开始建立在基于信息计量的实证基础上,并以可视化的形式实现直观展示之后,大量对于特定学科领域的知识图谱的绘制,实现了对特定学科领域发展现状与趋势的实证。

这一时期,以信息计量为基础的实证研究方法逐步走向成熟,成为图书馆学研究的一大特色,建立在信息计量基础上的知识图谱创建的通过实证研究分析学科结构与预测学科趋势的研究方法,为社会科学领域的创新提供了契机。

3.以社会学实证为代表的实证研究的兴起——实证学派形成

在世界范围内的人文社会科学研究领域中,用数据支撑观点开始成为共识。在我国,胡吕平提出了"以信息需求与利用为导向"的崭新的信息管理理论导向,不但在信息管理与信息资源建设领域产生深远影响,也为社会学实证引入图书情报学研究提供了重要指向,图书情报学更加关注信息用户的信息认知与信息行为,而对用户的研究正需要社会学实证进行数据的收集、外析、论证,并给出基于数据的结论与提升策略。

2005年7月,北京大学信息管理系李国新领衔对湖南省衡阳市公共图书馆进行了实地考察与调研,收集到基层图书馆实际情况的第一手资料,通过统计分析,全面客观地反映了当前基层公共图书馆的现状,陈传夫等以全国范围的多所公益性图书馆为样本,以问卷调查等规范的实证方法获取了图书馆界人士对于图书馆知识产权保护的认知与接受程度的第一手数据与资料,并在此基础上分析了原因,指出了提升策略,徐建华积极倡导实证研究,以图书馆员快乐指数、图书馆员刻板印象研究、图书馆员职业胜任力研究等课题研究为契机组织研究团队,系统实践了以D-7为基础的规范实证研究方法。

从2011年开始,由徐建华教授牵头,南开大学商学院连续3年承办了主题分别为"规范·创新·推广""规范·突破·延伸""规范·拓展·超越"的图书馆学实证研究博士生学术会议,会议强调了实证研究方法在学术创新中的重要作用,推动了社会学实证研究方法在图书馆学领域的应用。

(二)原因分析

图书馆是作为西学东渐中的一种能够启迪民智的机构与制度被引入的,从一诞生就是基于数亡图存需要的,其研究更为注重图书馆能够行使其教育职能,满足民众的知识需求,发挥"民众大学"的作用,以提高民众的知识水平与政治觉悟,在实现图书馆的相关要素与民众的需求相结合、实现民众与图书馆的良性互动的过程中,图书馆学人开始深入民众之中,了解民众与图书馆相关的需求。

1.历史继承——文化校园时期的"知行合一"实践理念

20世纪20年代新图书馆运动爆发,一批图书馆学职业研究者登上历史舞台,他们推广现代图书馆理念,力求图书馆能够开启民智,实现文化救国的理想,迎来了我国图书馆学研究的一次高潮,无论是基础理论还是实践应用都取得了重要成就,在理论研究的过程中出现了实证研究的萌芽,这种萌芽表现为零星的实地走访、简单的访读等实证方法的初步使用。

1926年,杜定友对读者进行了分类,并主张对不同读者群体行为与习惯进行调查,以更好地提供图书馆服务。陈友轻等对读者进行了详细的分类研究,将读者年龄、职业等人口学指标引入,并特别指出应对调查数据进行及时汇总与分析。1927年,顾颉刚从民国出版图书实践出发,写就《购求中国图书计划》,将采购的图书分为16大类,突破了原有的经、史、子、集的分类体系,并以搜集科研材料的观念来经营图书馆,同年,李小缘在对全国图书馆类型分类调研的基础上,写就《全国图书馆计划书》,对国立、省立与学校等不同类型图书馆的发展提供了建议。

1937年之后,部分图书馆学研究者颠沛流离逃难至西南与西北,在艰苦的条件下,学者们依然坚持研究,沈祖荣指出,我们虽然不能执于戈以卫社稷,但是我们要承担起保存文化的这种责任,图书馆应担负起"前方将士精神食粮的供给""受伤将士休闲教育的顾及""难民的教育"等职责。学者们深入当地民众与军队中,了解民众、军队中伤员与战士的图书需求,积极宣传图书馆与阅读理念,留下很多可歌可泣的事迹。

2.国外思想引入——芝加哥学派的社会学实证思想

芝加哥学派开创了图书馆学实证研究的范式,其从图书馆外部视角入手,选择与社会紧密联系的研究课题,采用内容分析、田野调查、调查统计分析等社会学的实证研究方法,量化分析图书馆学问题。韦普尔斯把芝加哥学派具有代表性的数据分析的研究手段灵活运用到图书馆学研究中,追求的是一种客观的、中立的、可验证的经验社会科学的模式。之后,伯埃尔森对韦普尔斯实证研究思想和方法进行了发展和理论化,形成了韦普尔斯—伯埃尔森模式的芝加哥学派的研究特色。巴特勒认为图书馆学的研究视角应该是社会学、心理学、历史学等构成的社会科学,图书馆学研究方法应该遵循一般社会科学的研究规范,并仿照自然科学的实证研究规范,认为图书馆可以而且应当作为科学的对象来对待,采用常用的科学方法对其进行客观观察,要素分解,定量分析等操作中国图书馆学实证研究由于历史和社会的原因,多次错过了芝加哥学派的科学改造,在20世纪七八十年代引进芝加哥学派的实证研究时又发生了误读,重点阐释了其人文研究理念,而忽略了实证研究,造成中国图书馆学一直偏向宏观、抽象、思辨的理论研究。2001年以来,国际图书馆学界开始倡导实证图书馆学,我国图书馆学界以此次国外实证图书馆学运动为契机,逐步开展了系统而规范的实证研究。芝加哥学派的社会学取向的实证研究是我国图书馆学实证学派的重要历史继承渊源。

3.现实学科定位——管理学科的人文社会科学定位指引

最初的图书馆学教育受到人文科学属性影响,对实证研究的关注不够。1990年后,在国际图书情报学院改名浪潮中,北京大学率先改为信息管理系,之后其他院校的图书情报专业纷纷去掉图书馆与情报字样改为信息专业。

由于专业本身的特点与规模等原因,除了武汉大学成立了信息管理学院,北京大学将信息管理系单列之外,其他学校则将图书情报专业归入了其他的学院,如将图书馆学与档案学归入历史学院,信息管理与信息系统归入理科类的学院。

随着1998年教委学科目录的颁布,图书馆情报与档案管理作为一级学科被归入管理学门类,各学校在学院调整中又将图书情报学并入了管理学院,如河北大学、山西大学;有的则归入商学院,如南开大学、华东师范大学。从此,在大部分高校的管理类学院设置中,开设工商管理、公共管理、信息管理等系,并且从宏观上属于学校的社会科学学部。

正是在这样的教育布局中,图书情报学开始与工商管理与公共管理等成熟的社会科学互相借鉴,大量引入社会学研究的方法,通过问卷调查实证获取影响图书馆发展的因素,利用社会心理学的方法研究用户的信息习惯与信息行为等研究开始出现,图书馆学的社会学实证研究学派开始兴起与形成。

从以上分析可以看出,研究流派的形成有其历史、学科渊源,不同的流派有其基本理念、特点、平台和领域。在发展中相互促进,共同繁荣图书馆学的研究。

四、图书馆学研究流派的发展趋势

中国的图书馆学在西学东渐时开始萌芽,在文化救国的大潮中登上历史舞台,在文化浩劫中韬光养晦,在新时期不断得到发展。1978年以来,经过40多年曲折发展的图书馆学形成了完善的学科体系,学科地位不断提升。

(一)图书馆学的内部整合趋势

学派的划分不是人为地割裂其整体性。诚然,3种流派的划分是基于研究倾向的,但很难绝对地截然区分。

但是,我国的图书馆学在发展过程中吸收了来自古代的图书馆知识,也因为特殊的历史进程,又汲取了来自不同国家、不同研究理念的图书馆学知识。随着学科的进一步完善与发展,人文研究、技术研究、实证研究三大方面不断取得突破,并成为图书馆学学科研究的主流范式,其研究者也因为鲜明的价值取向与学术观点而成为3种范式的忠实践行者,构成了相对稳定的学术派别,进而构成了图书馆学领域的主流研究团体。这正体现了图书馆学研究的内部整合趋势,在学科研究发展过程中,研究者们从多个方面探索了不同的研究取向,并且经过数十年的理论与实践的检验,学科研究的核心内容已经相对成型,学科的内部整合与研究力量配置格局基本形成。

随着研究的进一步深入,3种理念互相借鉴,3个学派互相融合,将对我国图书馆学理论的创新与实践的进步产生巨大的推动作用。

(二)图书馆学的外部渗透趋势

改革开放40多年来,图书馆学学科经历了内部的整合,以图书馆学研究的宏观对象——图书馆事业为根基,研究目光逐渐投向更为广泛的社会领域,图书情报事业渗透至国民经济发展之中,协同于社会进步。各高校图书馆利用自身所拥有的丰富文献信息资源与先进的信息技术服务于科研,各级公共图书馆成为城市公共文化服务的重要主体,县级图书馆、乡级文化服务站点、村级农家书屋以及其他各个类型的图书馆均在自身服务领域内发挥着重要作用。一个覆盖面巨大的图书馆事业网络已经初步建成,成为国家文化软实力的重要组成部分。以图书馆学研究的微观对象信息资源为根基,图书馆学正在成为推动信息社会发展的重要动力。

(三)图书馆学将成为人文社会科学发展的知识基础

随着经济社会的发展与科学技术的进步,中国社会已处在重要的社会转型时期,从传统农业文明向现代工业与科学文明转变,知识经济初见端倪,信息社会深入发展。社会范围内巨大的信息资源储备在信息技术的推动下得以激活,信息资源作为一种战略资源的价值将体现在社会发展与进步的各个方面。

图书馆学的思想与理念被赋予了崭新的意义,图书馆学的研究方法也开始为其他学科所借鉴和应用,构建图书馆学的思维成为个人应对信息社会挑战,战胜数字鸿沟的重要方法。传统图书馆学知识体系中的文献校勘与版本鉴别思想在网络信息噪音中显得十分重要,以分类法与主题法等信息组织方法、以目录学为基础的信息检索方法成为应对信息过载的重要措施;以信息关联为基础的知识发现与获取方法成为人们对所获取的"信息"的理想形式,信息计量与知识图谱等图书情报学方法成为探索科学发展规律与趋势的重要方法。

　　信息社会在技术进步的推动下,在一代又一代图书馆学人的努力之下,图书馆学科与时俱进,对信息资源的关注与深厚的文献研究功底使其成为信息社会发展过程中具有基础性作用的学科,科学研究者们需要坚实的信息素质以支持其研究,图书馆学知识是任何科学工作者甚至普通公民的必备知识,科学研究将借鉴图书馆学科的信息计量方法发现学科知识与发展趋势,借鉴信息组织方法去完善科技报告形式与科技信息的存储与传播,引文研究方法将把学科发展连成一个脉络清晰的整体。图书馆学理论与技术的进步将成为推动整个科学创新与发展的基础动力之一。

第三章 阅读推广的相关理论

第一节 阅读学理论

一、阅读的内涵、本质及特征解析

什么叫阅读?《教育大辞典》:"阅读是从书面语言获取文化科学知识的方法,信息交流的桥梁和手段。"《中国大百科全书》:"阅读是一种从印的或写的语言符号中取得的意义的心理过程,阅读也是一种基本的智力技能,这种技能是取得学业成功的先决条件,它是有一系列的过程和行为构成的综合。"《阅读学原理》:"阅读是读者从写的或印刷的书面材料中提取意义或情感信息的过程。"以上阐述虽然不尽相同,但是都指出了阅读是获得知识的一种重要手段。阅读就其本质来说,是读者与文本的交流,它不是对文本的简单破译,而是对文本的一种再创造,是读者通过阅读建构自己知识与精神的过程。简单地说,阅读是读者将别人的"言"内化为自己收获的过程,与文本产生碰撞、整合、内化,以实现知识积累和满足身心愉悦的建构过程。在长久的历史发展中,阅读已成为一种普遍的文化现象,也是人类认知活动开展的重要途径。通过阅读,人们不仅可以获取未知的知识内容,也为文化的传承与延续提供了可能。就阅读特性进行分析,可以将其分为目的、形式和过程三部分。阅读的目的在于对知识的获取,同时提高自我认知、陶冶情操,其主要形式则是通过视觉感知文本(含音、视频文本)信息,并结合思考体会信息内涵;阅读过程的实现则伴随着思维与情感活动。

对于阅读,即使是大众型、消遣性阅读,也要会读书,读好书,有计划、有系统地读书,要进行深入系统的阅读,完整全面地掌握知识,图书馆则是最好的场所,甚至是唯一的场所。只有在这里,才具有完备的文献资源保障体系,才能为读书人提供全面系统的文献服务;也只有在图书馆,才能领略到完整的科学知识体系和全部的人类文化遗产,从而站在巨人的肩膀上来观察这个世界。

二、"阅读学"说的意义

"阅读学"说的代表人物是徐雁。他秉持"学习之道,阅读之理,中外古今同一"的基本文化理念,将阅读文化学与阅读推广相融合,结合阅读推广实践活动,创造性地提出了"全民阅读推广"的三个内涵:第一,对于社会群体来说,各行各业各阶层人员都应该成为阅读推广的对象;第二,对于社会个体来说,阅读将是一种人生全过程的阅读,要牢固树立"活到老学到老"的终身学习精神;第三,无论是公益性的图书馆,还是商务性的书店,都应对所藏、所销读物进行全品种的积极推广,努力使所有图书资源都被人们消费,徐雁与其友生们共同编纂的《全民阅读推广手册》和《全民阅读参考读本》,其主旨理念就是为当前面对以网络、手机和平板电脑等电子阅读设备为载体的新阅读时潮或迷恋或困惑或焦虑不已的读者,提供知性的读本和理性的指南,两书都集纳了最为新颖、实用、权威的古今阅读学和中外阅读推广的信息,重视纸本经典图书,重视儿童导读和面向未来阅读,具有很强的可读性。①

随着信息技术的发展,传统阅读受到强烈冲击,正面临十分关键的转型期,而阅读推广的发展给了传统阅读一个重要的转型契机。一直以来,中国阅读学研究会在全国各地积极举办读书活动,促进全民阅读。阅读学侧重于研究人的阅读行为与阅读过程,在图书馆阅读推广活动中,新书推荐、读书会等活动的举办都需要阅读学理论的科学指导,读者的阅读行为、阅读动机、阅读过程的研究等也都与阅读学息息相关。

阅读推广是一个新兴领域,需要广泛汲取阅读学、教育学、传播学等许多相关学科的先进理论,以促进自身发展。专注于阅读学研究的曾祥芹认为,"图书馆学"与"阅读学"是血脉相系的两个姊妹学科,应该在全民阅读推广的社会大舞台上分工合作、各擅胜场。他还认为,如果我国图书馆学界人士和广大图书馆工作者善于汲取"汉文阅读学"的知识营养,能够自觉地运用"科学阅读观"来指导社会大众的阅读实践,同时阅读学界又能

①么雅慧,郑晓红. 高校图书馆阅读推广服务机制构建[J]. 办公室业务,2020,(23):159－160.

深入掌握"现代图书馆学"的专门知识,在全民阅读推广的丰富实践中来进一步发展"汉文阅读学",那么中华民族阅读文化的伟大复兴就一定大有希望。

三、阅读学理论的探讨

(一)图式理论

图式理论(Scheme Theory)是近年来被引入阅读领域的新理论之一,这是一种认知心理学家用以解释阅读心理过程的理论。这一理论最早起源于康德1781年的观点,他认为一个人在接受新信息、新概念、新思想时,只有把它们同他脑海里固有的知识联系起来才能产生意义。而首次正式提出"图式"理论的是英国心理学家巴特莱特,他在《记忆:一个实验的与社会的心理学研究》一书中,采用了比较接近日常生活的图画和故事,用"描述的方法""重复再现的方法""象形文字的方法""系列再现的方法"等来考察记忆的全过程。在一次演示实验中,短时呈现给人们一幅画,发现人们对图画内容的报告大相径庭,人们的报告似乎主要依赖于个人背景及其反应偏好,而不是图画内容本身。进而,他以短暂时间重复呈现图画给被试,发现他们常常执着于先前的理解,仍不是根据实际知觉的图画内容。巴特莱特由此提出图式理论,认为知觉和记忆都是由人们心理图式引导且据此解释事件的构建过程。

在各种阅读理论的探索中,图式理论从认知心理学、语用学、信息处理和人工智能等方面为阅读教学提供了一个崭新的视角,它所倡导的阅读观受到越来越多的重视。薛荣认为,阅读并不是作者将知识传给读者的过程,而是刺激读者根据自己的经验建构知识的过程,阅读必然建立在读者原有的知识之上。

Ausubel指出当读者已有的背景知识(图式)与阅读的语篇信息不匹配时,就需要有人对其进行适当引导,讲解相关背景知识,使读者的图式结构与阅读内容一致,阅读材料的内容才能被真正读懂。李超平认为,图式理论的意义在于揭示了阅读过程中阅读者与文本之间的互动性,即阅读不是读者被动接受信息的过程,当阅读者的图式知识不足以理解文本内容时,阅读引导的作用就不可或缺。

公共图书馆在开展儿童阅读推广时,应学会运用图式理论,一方面要为儿童提供其原有知识基础可以理解的阅读材料或活动形式，另一方面也要对儿童无法正确理解的内容要给予及时的帮助和引导。

（二）分级阅读理论

分级阅读，就是按照儿童不同年龄段的智力和心理发育程度为儿童提供科学的阅读计划，为不同孩子提供不同的读物，提供科学性和有针对性地阅读图书。分级阅读在国外已经比较成熟，常见分级方式包括字母表体系、年级体系和数字体系三种。其中，字母表体系如：A-Z分级法（Guided Reading Level），即将图书按A-Z进行分级，共26级，从A到Z难度递增，一级称为一个GRL。

年级体系如Grade Equivalent Level（GEL），根据年级、年龄判断应有的阅读水平；数字体系如蓝思（Lexile）、Developmental Reading Assessment（DRA，阅读发展评价体系）、Accelerated Reader Level（AR，阅读促进计划）、Reading Recovery（RR，阅读校正体系）、Reading Counts Level（RC，阅读数量分级体系）、Degrees of Reading Power（DRP，阅读能力等级计划）等。分级阅读理念在国外得到普遍认可，很多中小学校建立本校学生的分级阅读数据库，并设置课程对学生进行阅读指导。

近年来，分级阅读逐渐进入我国出版界和部分专家、学者的视野，如中华女子学院教育学院的科研探索，华东师范大学学前教育分社历时多年开展的分级阅读研究已作为教育部课题获得报批，另外21世纪出版社、少年儿童出版社等多个出版机构都纷纷推出了自己的"桥梁书""阶梯阅读"产品。广东省委宣传部出资启动了全国首个儿童青少年分级阅读研究中心——南方分级阅读研究中心，已在分级阅读产品出版、制定自己的分级阅读标准方面取得了一些区域性成果。2009年7月及2010年8月举办的两届"中国儿童分级阅读研讨会"，进一步推动了我国儿童分级阅读的理论研究和实践工作。

丁勇在《公共图书馆少儿分级阅读研究》一文中提出了针对不同年龄段的阅读指导原则：针对学龄前儿童，图书馆应该给他们选择幼儿智力开发画报、生活常识教养画报、幼儿趣味画报等读物；针对6-9岁的小学低年级儿童，需要一系列讲座和活动来激发其阅读热情，提高阅读能力；对于小学高年级儿童，图书馆可以推荐优秀的作文选、哲理性童话、少儿版经典名著等，并与学校、社会团体合作，开展少儿阅读指导；针对13-16岁的中学儿童,图书馆可以推荐传记、文学类读物、名著等,满足其对个人发展及自我意识的追求,树立正确的人生观、价值观;针对17岁以后的青少年,图书馆可以推荐具有哲学思想的精品书籍,帮助他们正确客观地思索人生,形成乐观向上的人生态度。任晴认为,公共图书馆开展儿童分级阅读,应在图书馆与出版社之间建立良好的信息发布与接收平台;培养家长的儿童分级阅读意识,聘请儿童分级阅读方面的专家传授分级阅读方面的知识,并印制儿童分级阅读指南免费分发给家长学习;培养具有儿童分级阅读测试资质的合格馆员根据儿童阅读习惯布置儿童阅读区域排架。

第二节 阅读推广的应用性理论

随着时代的进步,社会经济、政治、文化的发展,公民的学习能力和信息素养越发受到重视,"全民阅读"已经成为信息社会的共识。在此背景下,各个图书馆都在积极开展阅读推广活动。回顾过去数十年的图书馆事业,除了信息技术给图书馆服务带来的变化外,最大的变化莫过于阅读推广成为图书馆的主流服务,阅读推广的发展带来新的理论问题,对于阅读推广的研究正在形成新的图书馆学理论领域。近年来,关于阅读推广的探索已经成为图书馆界的一个研究热点。

一、使命类—使命说

使命说的代表人物是曾任深圳图书馆馆长的吴晞。他在《任务、使命与方向:图书馆的阅读推广工作》一文中,从宏观角度出发,指出阅读推广是图书馆的根本性任务,是图书馆历史发展的必然结果,是图书馆行业生存和社会文化发展的需要。吴晞馆长将阅读推广上升到图书馆使命的高度,是具有充分的理论依据的。2003年,英国文化、媒体和体育部发布报告——《未来的框架》,作为政府指导图书馆事业的重要政策指南文件,该报告提出"阅读是所有文化和社会活动的首要任务",并将"阅读推广和促进非正式学习"作为三个新的图书馆现代使命的首要使命。《公共图书馆宣言》将开展阅读活动列为重要使命之一,是"公共图书馆服务的核心":以下重要使命与信息、读写能力、教育和文化相关,是公共图书馆服务的核心,持和参与针对不同年龄层展开的读写能力培养和计划,必要时主动发起此类活动,2011年,国际图联素养与阅读专业委员会发布《在图书馆中用研究来促进素养与阅读:图书馆员指南》,这是该委员会发布的唯一指南。指南指出,国际图联坚信图书馆在促进识字和阅读中占据着独一无二的地位,因为这是他们的使命之一同时这也是所有类型图书馆的使命,无论是学院图书馆、公共图书馆,还是专业图书馆、科研图书馆、大学图书馆甚至国家图书馆。①

在阅读推广实践领域,越来越多图书馆开始将阅读推广作为使命纳入战略规划。艾迪生公共图书馆在战略规划中称自己的使命是培养对阅读的热爱,推动终身学习。广州图书馆将"促进各年龄群体培养和保持阅读习惯,营造良好的社会阅读氛围,使阅读成为公众生活中不可或缺的一部分"作为自己的使命,纳入发展规划。

在当代社会,公共图书馆的扫盲、信息素养教育与培养阅读兴趣的使命都具有比较强的感召力使命说将阅读推广定位为图书馆的使命、根本任务,将其作为图书馆核心价值的体现,有助于各图书馆将阅读推广纳入行业宣言或战略、政策类文件,形成管理自觉,在图书馆管理中对阅读推广进行顶层设计,在服务方向的把握、服务项目的策划、服务资源的组织等一系列问题上进行统筹规划和总体部署。

二、实践类

(一)活动说

活动说的代表人物有张怀涛、王余光、王波等几位学者。在阅读推广实践领域,往往以丰富多彩的活动的形式推广阅读,比如:知识竞赛、真人图书馆、读书会、亲子阅读、朗诵等,阅读推广最鲜明的特征就是活动化。因此,图书馆学界不少学者都认为阅读推广顾名思义就是指阅读推广活动,目的在于促进全民阅读。在此基础上,王余光、王波更重视活动的质量,认为这一活动是有规划的,需要精心策划。活动说起源于国外,国外不少研究中都出现活动说。例如在美国图书馆协会发布的媒体专家评估系统术语词汇表中,对"阅读推广"这一专业术语的描述是:阅读推广,鼓

①吕竹君.中国当代图书馆事业中的NGO及其最高实现模型构想[D].南京:南京大学,2012

励独立自主选择学习或休闲的任何项目或活动。

2012年,李国新、于群共同编纂的《公共图书馆业务培训指导纲要》,出现了活动说,"阅读推广是指图书馆通过开展各种阅读活动,向广大市民传播阅读知识,培养市民的阅读兴趣,促进全民阅读"。

2015年,张怀涛根据实际工作经验,在总结10余位学者提出的阅读推广概念的基础上,给"阅读推广"下定义:阅读推广顾名思义就是推广阅读;简言之就是社会组织或个人为促进人们阅读而开展的相关活动,也就是将有益于个人和社会的阅读活动推而广之;详言之就是社会组织或个人,为促进阅读这一人类独有的活动,采用相应的途径和方式,扩展阅读的作用范围,增强阅读的影响力度,使人们更有意愿、更有条件参与阅读的文化活动和事业。同时,他还从阅读推广活动的视角出发,提出了阅读推广实施的6个步骤:明确主旨、创造条件、周密运筹、协作推进、打造品牌、提升自己。

王余光与课题组成员经过4年的调研与研究,在国家社科基金重点项目"建设学习型社会与图书馆的社会服务研究"的研究报告中提出公共图书馆阅读推广的概念:由公共图书馆独立或者参与发起组织的,普遍的面对读者大众的,以扩大阅读普及度、改善阅读环境、提高读者阅读数量和质量等为目的的,有规划有策略的社会活动。可以看出,阅读推广作为一种活动,其规划与策略的重要性正渐渐受到重视。阅读推广的开展并不是随意的、即兴的,其对图书馆的场地、设施、资金和人力资源等都有较高的要求,因此需要进行统筹策划和总体部署,这也是王余光与前两位学者观点的不同之处。活动说的最新研究成果即王波在《阅读推广、图书馆阅读推广的定义——兼论如何认识和学习图书馆时尚阅读推广案例》中提出的图书馆阅读推广概念:图书馆阅读推广是指图书馆通过精心创意、策划,将读者的注意力从海量馆藏引导到小范围的有吸引力的馆藏,以提高馆藏的流通量和利用率的活动。王波认为,图书馆人可以通过这三点判断图书馆阅读推广的边界,同时,他还指出这个定义规定了图书馆阅读推广的关键要素是"创意""策划",所有的图书馆阅读推广活动都有一定的创新性。

活动说涵盖了阅读推广活动的全过程,包括前期策划、准备工作、协作推进、后期评估等。然而阅读推广并不完全是"活动"。阅读推广实践领域最早的形式是推荐书目,这是一种静态的服务,并非动态的活动。推荐书目属于阅读推广的范畴,至今仍是许多图书馆日常推广阅读的一种方式。刘勇和郭爱枝以浙江农林大学图书馆为例,介绍了该馆开展的图书漂流、知识竞赛、编制推荐书目等阅读推广实践,他们认为,推荐书目是图书馆阅读推广的重要方式之一,在引导大学生阅读中发挥了重要作用活动说将阅读推广定位于活动,而活动的"动态性"局限了阅读推广的范围,无法将静态服务涵盖在内同时,活动说不利于从宏观的角度对阅读推广进行研究,容易导致阅读推广实践领域的服务碎片化。

（二）工作说

工作说的代表人物是万行明和王辛培,这两位都是具有丰富工作经验的学者。2011 年,万行明根据丰富的实践经验,在《阅读推广——助推图书馆腾飞的另一只翅膀》中首次较全面地提出阅读推广的概念:阅读推广即推广阅读,就是图书馆及社会相关方面为培养读者阅读习惯,激发读者阅读兴趣,提升读者阅读水平,并进而促进全民阅读所从事的一切工作的总称),这一概念得到许多学者的认同,苏海燕、周佳贵等学者在相关研究中均引用了该概念。

2013 年,王辛培指出,阅读推广是图书馆、出版机构、媒体、网络、政府及相关部门等为培养读者阅读习惯、激发读者阅读兴趣、提升读者阅读水平、促进全民阅读所开展的有关活动和工作,显然,工作说不仅涵盖了阅读推广的动态活动,也涵盖了包括推荐书目在内的静态服务,比活动说更加全面地描述了阅读推广的概念。从工作的角度描述阅读推广的概念,有利于增强图书馆人的阅读推广意识,将阅读推广视为日常工作积极推进,在阅读推广工作中发扬职业精神,使阅读推广活动规范化、制度化。

（三）服务说

服务说的代表人物是范并恩。他曾多次强调阅读推广是图书馆服务的一种形式,研究图书馆阅读推广,首先需要将其当作一种图书馆服务,他在《阅读推广的理论自觉》中指出,阅读推广是近年兴起的新型图书馆服务,已经发展成为现代图书馆的一种主流服务。图书馆的核心价值是图书馆界对于自己的责任或使命的一种系统的说明,以规范、简洁的语言表达图书馆人的职业信念。阅读推广作为图书馆的一种服务,必然要符合图书馆的核心价值。国际图联发表的《IFLA 2006-2009 年战略计划》阐述了国际图联的核心价值,"认可信息、思想、作品获取自由的原则,以及《人权宣言》第19条关于言论自由的规定。人类、社团、组织出于社会、教育、文化、民主、经济等方面的目的和需求需要广泛和公平地获取信息、思想和作品的信仰",美国图书馆协会公布的11个图书馆核心价值中,包括了"获取""民主""智识自由"。但是,当知识自由和平等获取产生冲突的时候,又该如何解决呢?图书馆在开展阅读推广活动时,尤其是针对特殊人群开展阅读推广活动时,往往需要干涉读者的阅读行为,才能达到较好的推广效果,而这一行为又与"智识自由"的核心价值自相矛盾,这一问题又该如何解释呢?对此,范并思教授认为,阅读推广需要介入式服务,阅读推广服务的重点对象是特殊人群,由于特殊人群无法正常利用图书馆,如果图书馆员缺少深度介入的主动精神,这一人群不可能像普通读者一样接受图书馆服务,甚至可能完全被排斥在图书馆服务对象之外,因此表面上看个人式服务可能违背中立原则,实际上它正是对普遍均等服务的补充。范并思还认为,对特殊人群提供特殊服务是公共图书馆服务走向成熟的标准。

虽然不少学者都默认阅读推广是一种服务,但并没有从该角度出发对阅读推广下定义。服务说将阅读推广定位于图书馆的一种服务,从而提出阅读推广的服务形式、目标人群、价值基础,全面描述了阅读推广的内涵。对于近现代图书馆,图书馆服务是图书馆的核心价值,亦是图书馆立足于社会之本。服务说为图书馆人提供共享的、基本的理念,有利于图书馆人在实践中共同遵循普遍开放、平等服务、以人为本的图书馆服务原则,共同遵循图书馆核心价值观,以特殊人群为重点积极推进阅读推广服务的展开,从而保证图书馆服务的公平性。

(四)实践说

实践说的代表人物是谢蓉、刘炜和赵珊珊。这三位学者在《试论图书馆阅读推广理论的构建》一文中提出了图书馆阅读推广的概念:图书馆阅读推广是图书馆利用其信息资源、设备设施、专业团队和社会关系等各种条件,鼓励各类人群成为图书馆的读者,并培养其阅读兴趣、养成阅读习惯或提升其信息素养的各种实践。他们认为,图书馆服务的特点在于其使命就是促进阅读,因此上述定义将"读者发展"作为其明确而坚定的目标,将"信息素养"的培育也作为阅读推广的重要目标,并且将图书馆所做的各种"努力"都纳入阅读推广的范畴。

实践说可以认为是对活动说、工作说和服务说的一种有效综合,因为关于阅读推广的活动、工作以及服务都属于阅读推广实践。实践说以更加开放、包容的态度描述了阅读推广的概念,扩大了阅读推广的外延,拓展了阅读推广的研究范畴,有利于把阅读推广作为一项普遍的图书馆服务进行推行。

三、休闲类—休闲说

休闲说的代表人物是于良芝。休闲说起源于西方高校图书馆,祖哈(Zuha)指出,在1920-1930年间,阅读推广是美国高校图书馆员的重要职能之一,1927年,艾奥瓦大学图书馆的管理者指出:"图书馆建议学生每周都花一部分时间去阅读与日常学习和工作无关的书籍"。艾奥瓦大学图书馆在图书馆、宿舍以及校园里人流量多的地方(例如学生会)都设立了休闲阅览室,阅览室里存放的书籍一般都是能使学生产生兴趣或具有励志作用的当下流行图书,艾奥瓦大学图书馆并不是当时唯一推广休闲阅读的高校图书馆,《高校图书馆宣传》一书中介绍了许多高校图书馆设立休闲阅览室的案例,包括哈佛大学图书馆、耶鲁大学图书馆、西北大学图书馆以及史密斯学院图书馆等,这些都对当时美国的阅读推广产生极大影响。从那以后,美国图书馆界对专业阅读的重视有所下降,反之越发重视休闲阅读的推广。在1930-1940年间,许多学者都开始研究大学生应在休闲阅读上花费多少时间为宜,产生了不少有价值的研究成果。至今,休闲阅读在美国高校图书馆仍然占据重要地位。

可以看出,休闲说在西方高校图书馆中表现较普遍,这对我国学者产生了一定影响。于良芝在《图书馆阅读推广——循证图书馆学(EBL)的典型领域》一文中指出,根据图书馆界从事阅读推广的经验,图书馆阅读推广主要指以培养一般阅读习惯或特定阅读兴趣为目标而开展的图书宣传推介或读者活动。于良芝认为"培养阅读习惯或兴趣"这一目标决定阅读推广试图影响的通常是休闲阅读行为,即与工作或学习任务无关的阅读行为,这是因为,与工作或学习任务相关的阅读,其目标是解决工作或学习中的问题,它既然主要受任务驱动,便不易受阅读推广的影响。

显然,休闲说并没有将专业阅读的推广活动纳入图书馆阅读推广的范畴,而这与近年来高校图书馆开展的以教学、科研、文化等为主题的阅读推广活动相悖。虽然在西方图书馆界休闲阅读是阅读推广的主流,但在我国休闲说并没有得到广泛认可。杨莉、陈幼华和谢蓉认为,传统的阅读推广通常定位于"休闲阅读",而就其阅读能力而言是不分内容的,阅读推广在专业领域也同样需要,她们强调高校图书馆阅读推广走专业阅读推广之路是提升图书馆核心价值的必然趋势。王波以北京大学图书馆举办的学术类书籍、教学类书籍的阅读推广活动为例,强调对于高校图书馆而言,满足师生的教学、科研和文化的传承与创新是其主业,满足师生的休闲消遣只是其副业,同样,大中型公共图书馆也有服务于地方教学科研和大众创业、万众创新等使命,阅读推广仅影响读者的休闲阅读行为也是远远不够的。

四、学科类——"传播学"说

"传播学"说的代表人物是谢蓉、刘开琼。2012年,谢蓉开创性地提出:阅读推广活动从本质上可以归结为一种传播活动,符合传播学的一般原理。她还认为,根据传播学理论,任何阅读推广活动不外是对推广主体、阅读者、阅读对象以及推广媒介等要素在一定时空范围内进行一定的设计、组合、组织和配置的结果,通过它们之间的相互作用,达成诸如"促进知识分享、提升精神层次、获得有用信息以及愉悦身心"等阅读目的2013年,刘开琼将拉斯韦尔的五W传播模型应用于阅读推广,指出阅读推广的五类要素:Who(谁)、Say What(说了什么)、In which Channel(通过什么渠道)、To whom(向谁说)以及With What Effect(有什么效果),在此基础上,提出阅读推广的概念:阅读推广是推广主体、阅读者、阅读对象以及推广媒介等要素在一定时空范围内设计、组合、组织和配置的结果,通过它们之间的相互作用,让阅读成为人们实现知识分享、提升精神境界、获得有用信息以及愉悦身心的一种渠道。阅读推广主体是阅读推广活动的组织者;阅读者要解决"向谁推广阅读"的问题;阅读对象主要是指阅读的客体,解决的是"推广什么"的问题;推广媒介即推广手段,指采取什么手段向阅读者推广阅读资料。

姜利华认为,拉斯韦尔的5W模式有其局限性,没有相应的反馈渠道和机制,没有揭示传播的双向和互动性,图书馆的阅读推广模型必须具备反馈的渠道,只有及时收集和处理反馈信息,才能更进一步地推动阅读推广活动的有效开展,因此应该增加反馈机制和图书馆与读者的互动沟通,在此基础上更进一步地推动阅读推广活动的开展,构成一个循环的过程。

"传播学"说将传播学理论(特别是拉斯韦尔的 5W 理论)应用于阅读推广这一新兴领域,将阅读推广当作一种传播活动进行研究,得到了吴高、张婷等多位学者的认同,对阅读推广的后续研究产生较大影响。近年来,基于传播学理论对阅读推广进行研究的论文不断增加。王琳根据英国、美国的国家婴幼儿阅读推广项目,结合我国实际情况,提出基于拉斯韦尔 5W 传播模式的婴幼儿阅读推广方案,其内容包括以青少年阅读推广委员会为推广主体,以阅读礼包为推广内容,以现场活动和网络媒介为推广渠道,以 0–3 岁婴幼儿为推广对象,以期实现我国所有婴幼儿出生即阅读、阅读无障碍的目标。李臻从我国残疾人阅读推广的现状入手,对影响其发展的障碍进行分析,根据拉斯韦尔 5W 理论,构建我国残疾人阅读的推广模式。

推广即推而广之,阅读推广就是将阅读推而广之,使更多的人得以接触、获取。传播学是研究人类传播行为以及传播过程中的规律的学科,传播学的理论可以为阅读推广带来新鲜、实用的思维,比如如何推广阅读、如何促进双向互动、推广效果研究、阅读推广受众者研究等。传播学与营销学是密不可分的两个学科,整合营销传播之父、美国西北大学教授唐·舒尔获曾提出著名的命题:"营销即传播、传播即营销。"从这个意义上讲,李超平提倡的与公共图书馆宣传推广密切相关的图书馆营销理论也属于传播学的范畴,值得"传播学"说借鉴。李超平认为,对于公共图书馆而言,营销与宣传推广要达到的目标是一致的,都是为了提高利用率,公共图书馆实施营销首先要建立在对用户需求的调查之上,根据用户需求设计营销"产品",然后按照事先制定的方案营销该"产品",最后需要对营销效果进行评估。李超平还指出,由于我国图书馆实践领域还没有真正接受"营销"这一术语,许多公共图书馆宁愿设置"宣传推广部"而不是"营销部"来实施事实上相当接近于营销理念的种种方案与活动,实际上,营销理论,在非营利性组织也同样适用,1997 年国际图联成立"管理与市场营销委员会",2001 年起启动国际图联营销奖,说明图书馆营销在国际图书馆界是一个广泛使用的术语,我国图书馆人应真正接纳营销理论,在阅读推广实践中积极引进营销学先进思想,用科学的理念指导实践,将大大提升阅读推广的效果。

第三节 对于特定人群的阅读推广理论

回顾过去20多年的图书馆事业,除了信息技术给图书馆服务带来的变化外,最大的变化莫过于阅读推广成为图书馆的主流服务。图书馆人顺应社会发展给图书馆带来的挑战,持续推动阅读推广的发展,使阅读推广从以往自发的、零星的、补充式的图书馆服务,发展为图书馆服务中最具活力的、充分体现图书馆核心价值的自觉的图书馆服务。阅读推广的发展带来新的理论问题,对于阅读推广理论的研究正在形成新的图书馆学理论领域。

阅读推广能够成为图书馆的核心领域,首要因素是现代社会对阅读的关注度上升。进入20世纪90年代后,政治、经济和社会发展公民素养的要求提高。各国政要意识到,无论是推行民主政治,维持社会稳定,还是提升经济,增强国民竞争力,公民的自我学习能力都是极为重要的因素。在这种背景下,国际组织和各国政府一再出台各种政策或战略,组织大型活动,促进阅读推广或非正规学习以提升公民素养。

1995年,联合国教科文组织将每年4月23日命名为"世界图书与版权日"(又称"世界读书日"),这个日子现已成为全球阅读的重要节日。此外,联合国教科文组织还有"素养十年"等中长期计划,鼓励各种机构培养公民读写能力和终生学习能力。世界各个国家和地区的政府大力推动阅读,相关政策法规和大型项目举不胜举。在全社会关注阅读的潮流中,图书馆始终走在前面。1994年国际图联发布的《公共图书馆宣言》,将"从小培养和加强儿童的阅读习惯"列为公共图书馆的首要使命。2005年,国际图联召开信息素养和终生学习高层研讨会,发布《信息社会灯塔:关于信息素质和终身学习的亚历山大宣言》,强调"信息素养和终生学习是信息社会的灯塔,照亮了信息社会发展、繁荣和走向自由的进程",2003年,英国文化、媒体和体育部(DCMS)的政策文件《未来的框架》更是明确了现代图书馆职能向阅读推广的转化。这一文件认为,公共图书馆需要不断更新和宣传他们的社区服务目标,试图基于新的目标为英国公共图书馆描绘十年蓝图。报告第一次将阅读推广放到图书馆事业的核心位置或首要位置,认为图书馆的职能应该聚焦于"发展阅读和学习,数字技能和服务,社区凝聚力和公民价值",并以极大的篇幅强调公共图书馆阅读推广和促进非正式学习的职能。报告称现代图书馆使命的核心有三条,第一条为"阅读推广和促进非正式学习"中国图书馆学会 2003 年将全民阅读工作提上议事日程并列入年度计划,这是中国图书馆学会自觉推动阅读推广的起点。十多年来,中国图书馆学会不懈地宣传与推动全民阅读:从组织"4-23"阅读推广活动,到评选年度全民阅读优秀组织和先进个人:从成立学会的阅读推广委员会,到将"图书馆努力促进全民阅读"写入《图书馆服务宣言》。经过全国图书馆界十多年的努力,阅读推广逐渐从一种自发、零星、补充式的图书馆服务发展为一种自觉、普遍、不可或缺的图书馆服务,开展阅读推广的地区从沿海发达地区走向欠发达地区,主动进行阅读推广的图书馆从公共图书馆(含少儿图书馆)发展到高校、中小学图书馆。2013 年,中国图书馆年会的主题设定为"书香中国—阅读引领未来",这标志着阅读推广已经成为全体中国图书馆人的自觉。

一、阅读推广的理论与实践中存在四个基础理论问题

现代图书馆事业是具有专业化特征的职业行为,其专业化的重要特征之一是图书馆的管理与服务具备图书馆学理论的有力支撑。图书馆阅读推广属于图书馆实践领域,主要支撑性理论是应用性理论,阅读推广应用性理论的功效是指导阅读推广的具体操作,其内容包括阅读推广活动的策划、组织、宣传、绩效测评理论,阅读推广的环境设计与评估、馆员培训与要求、用户需求与心理理论,对于特定人群的阅读推广理论,此外还有儿童发展与儿童心理、残障人士心理与护理等相关理论。这些理论的研究,目前在我国还比较缺乏,需要大力推进,但国际上对于这种研究是有共识的,如国际图联素养和阅读委员会(2007 年以前名为"阅读委员会")特别强调理论研究在阅读推广中的作用。该委员会将自身职能定位为"为全体公民将阅读研究和阅读开发活动整合进图书馆服务,目的是促进图书馆在这些问题的领导、研究、实践,以及信息交流方面发挥作用"。它发布了《在图书馆中用研究来促进素养与阅读:图书馆员指南》,强调"研究"能够帮助图书馆员有效收集数据和实施测评,帮助他们提高推广效率。[①]

---

①廖健羽,谢春林. 新时代背景下高校图书馆阅读推广的路径研究[J]. 大众科技,2021,23(8):168-170.

　　阅读推广的支撑理论还包括图书馆学基础理论。基础理论属于间接支撑阅读推广的理论,它要研究阅读推广"是什么""为什么""应该怎么做"一类问题,解决阅读推广的服务目标和价值定位,指导图书馆人自觉开展阅读推广。从当前阅读推广发展现状看,阅读推广基础理论较应用理论更为缺乏,已经成为图书馆人自觉发展阅读推广服务,提升阅读推广内在品质,普遍开展阅读推广的主要障碍之一。当前阅读推广的理论与实践中主要存在四个基础理论问题。

　　第一,阅读推广的定义是什么? 或者它是否应该有定义? 阅读推广的字面理解很简单,就是对阅读进行推广或促进。这一词汇在中外图书馆学中普遍使用,但很少有人对其下定义。如《阅读推广手册》完全回避了对阅读推广下定义,《公共图书馆宣传推广与阅读促进》没有下定义。定义的难点其实在于对于阅读推广的基本认识,例如国外一般将休闲阅读当作阅读推广的主体,那么帮助读者的专业学习是否属于阅读推广? 为儿童、残障人士找读物无疑是阅读推广,为专家教授找读物是否也属于阅读推广?

　　第二,阅读推广与图书馆服务的关系是什么? 图书馆的所有服务部与阅读有关,不但外借阅览服务是直接帮助与促进读者阅读,图书馆的分类编目等业务也是为了使读者更加便利地阅读,参考咨询服务中与书目工具相关的服务非常接近阅读推广,即使是从事决策咨询类工作,大多数也定位于文献信息资源,如提供简报,促进阅读的意图很明显。因此这带来一个问题:既然图书馆所有服务都与阅读有关,为什么现代图书馆服务需要如此强调阅读推广? 为什么阅读推广能够从传统图书馆业务中脱颖而出,发展成为一种核心业务?

　　第三,阅读推广是原有图书馆服务的延伸还是一种新的图书馆服务类型? 原有图书馆服务中有一些服务项目,如新书推荐、阅读辅导,这些服务项目直接承担对读者推荐或推广图书的功能,在现代图书馆阅读推广中,它们仍发挥非常重要的作用。那么,图书馆阅读推广究竟是不是新书推荐、阅读辅导等原有图书馆服务的延伸? 如果不是,这种新的服务与图书馆原有服务的区别与联系是什么? 它的基本特征是什么?

　　第四,阅读推广是否符合图书馆核心价值? 现代图书馆学确立了公平服务的核心价值,这一核心价值主张对所有人一视同仁。现代图书馆学还确立了知识自由的核心价值,这一价值主张尊重读者的阅读自由,不干涉读者的阅读行为。但是,现实中的阅读推广往往是针对特定人群提供特殊服务,并且带有推广性质的服务有明确的干预性特征。图书馆学理论应该如何解释这种服务?

二、阅读推广的目标人群

(一)阅读推广的目标人群分类

图书馆,特别是公共图书馆的服务,是面向所有人的服务。面向所有人的图书馆服务不排斥任何人的参与,但并非图书馆的每一种服务都适用于所有人。也就是说,在具体的图书馆服务设计时,图书馆管理者需要考虑特定人群的需求,图书馆阅读推广作为一种图书馆服务,也有其特定的目标人群,在研究图书馆阅读推广时,需要对阅读推广的目标人群进行研究。

图书馆阅读推广服务类型很多,涉及的服务边界很广,除了少部分读者具有很强专业知识,到图书馆主要是为获取专业文献,大多数读者都能够成为阅读推广服务的目标人群。但是,通过对阅读推广目标人群进行观察,发现普通人群和特殊人群对于图书馆阅读推广的需要是不一样的。

1.普通人群

与传统图书馆服务相关的阅读推广,如新书推荐、读书竞赛,是一种面向普通人群的阅读推广。此处所说的普通人群是具有一定阅读意愿并且具有较好阅读能力的读者,他们知晓和认同图书馆的社会价值,可以正常利用图书馆的各种资源与服务,即使没有图书馆员的特殊帮助,他们也能够通过图书馆的外借阅览服务,获得图书馆阅读资源。尽管如此,普通读者仍可能因为知识、视野、素养等方面的限制,难以更好地利用图书馆。面向这一读者群体的阅读推广,服务目标是帮助他们更加高效地利用图书馆,改善他们的阅读品质,并改善他们对于图书馆服务的评价。例如漫无目的找书的读者可能通过图书馆新书推荐目录找到自己喜爱的新书。对于这类读者,图书馆员应该尊重他们阅读时对宁静与隐私的需求,更多地设计服务型、非干扰型的阅读推广项目。

例如,近年华东师范大学图书馆和厦门大学图书馆利用已有的借阅数据,制作出毕业生回顾在图书馆借阅历程的产品,可进一步激发他们的阅读兴趣。而个人信息的网络发布则完全由读者自主选择。这种推广项目就没有对读者造成任何干扰。

2.特殊人群

图书馆的读者中存在许多由于各种原因不能正常利用图书馆资源和服务的读者,国际图联图书馆特殊人群服务委员会(Library Services to People with Special Needs Section)关于特殊人群的定义是"不能使用常规图书馆资源的人群",该委员会重点关注的人群是"因生活条件或身体、精神与认知障碍无法使用现有图书馆服务的人。这些人包括但不限于下列人群:在医院或监狱的人,无家可归的人,在养老院和其他保健设施的人,聋人,患有阅读障碍症或阿尔兹海默症的人"。《公共图书馆宣言》特别强调,公共图书馆需要为他们提供特殊服务。图书馆阅读推广的重点人群包括:①因为缺乏阅读意愿不愿意使用图书馆资源和服务进行阅读的人;②因为文化程度较低,图书馆利用技能或信息技能不足,或受到经济社会环境限制不善于利用图书馆资源与服务进行阅读的人;因为残障、疾患、体衰等原因无法方便地进入图书馆阅读普通书刊的人;④因年龄太小或太老无法正常利用图书馆,需要提供特殊资源与服务的人,这些人群除了图书馆特殊人群服务委员会定义的特殊人群之外,还包括缺乏阅读意愿的人、文盲或半文盲、儿童等。因为这些人群具有不能正常使用图书馆资源和服务的共同特点,本文将他们统称为特殊人群面向普通人群的阅读推广对个人阅读具有帮助作用,而面向特殊人群的阅读推广则是一种建立、改造、重塑个人阅读行为的服务,它或者能够提升人的读写能力与信息技能,或者能够对阅读困难人群实施有效的救助。虽然图书馆开展面向普通人群的阅读推广不是可有可无的,但就图书馆使命而言,它只是一种辅助性服务,其重要性远不如面向特殊人群的阅读推广。面向特殊人群的阅读推广在图书馆十分常见,如送书上门,组织阅读兴趣小组,讲故事或读绘本,组织亲子阅读、户外阅读活动等。在国内外图书馆阅读推广服务中,它们是开展最普遍,也是最受社会欢迎的项目。

(二)阅读推广与公平服务

与外借阅览等图书馆传统服务相比,阅读推广是一种服务受益读者相对较少,服务成本

相对较高的服务。例如,馆员给读者讲故事般要比管理阅览室成本

高。这就涉及图书馆服务政策的理论问题:将资源投放到服务少数人的阅读推广是否有违图书馆的公平服务原则? 图书馆事业的现实状况是,在当今全球图书馆经济状况不好,管理者追求图书馆效益的时候,阅读推广这种相对成本较高的服务却逐渐发展成为一种图书馆的主流服务。理解这种现象需要了解现代图书馆为特殊人群提供特殊服务的理论。

《公共图书馆宣言》称,公共图书馆应该向所有人提供平等的服务"还必须向由于各种原因不能利用其正常服务和资料的人,如语言上处于少数的人、残疾人或住院病人及在押犯人等提供特殊的服务和资料"。对特殊人群提供特殊服务是对所有人公平服务的修正和补充,开展特殊服务是公共图书馆服务走向成熟的标志。图书馆为特殊人群服务的概念是从图书馆为弱势人群服务的概念发展而来。国际图联早在 1931 年就成立了"图书馆弱势人群服务委员会"(Libraries Serving Disadvantage Persons Section),2009 年该委员会正式改名为"图书馆特殊人群服务委员会",名称改变背后所表达的图书馆服务理念的转变是深刻的:图书馆为弱势群体服务所表达的理念是慈善或救助理念,公共服务机构提供慈善服务是其社会责任,无论理论上还是实践中这种服务都是天然合理的,不存在异议;而为特殊人群提供特殊服务所表达的理念则是公平服务理念《公共图书馆宣言》中对特殊人群提供特殊服务的文字就出现在平等服务条款中,紧随"向所有的人提供平等的服务"的表达之后。之所以要将对特殊人群提供特殊服务的表述紧随在对所有人平等服务的表述之后,是因为人们研究图书馆公平服务时发现,将资源与服务面向所有人一视同仁地平等开放,并不能天然地保证图书馆服务的公平性。因为任何社会中总是存在那么一部分人,一般是属于少数的社会边缘人群,或者由于先天能力不足,或者由于社会教育不良,或者由于尚未达到可以正常阅读的年龄,而无法正常利用图书馆的资源和服务。如果图书馆不对特殊人群提供特殊服务,这些人群将被排斥在图书馆服务之外,使图书馆的平等服务流于理念而无法真正落实。

中国图书馆人近年来致力于发展阅读推广服务,有着较为深刻的社会背景。当今中国图书馆界面临的问题,其实也是中国社会面临的问题,就是国民阅读意愿的缺乏 21 世纪初,公共图书馆管理者面对市场的诱惑忘却了公共图书馆精神,在"以文养文"的口号下,让原本应该承担社会信息保障职能的公共图书馆普遍开展收费服务。在许多城市,由收费构成的门槛成为市民走进图书馆的主要障碍。2006年以后,公共图书馆免费运动逐渐发展,到2011年国家宣布全国公共图书馆基本服务全免费,收费的门槛被彻底破除。但是在很多地方,特别是在经济不发达地区的城镇,没有门槛的公共图书馆内仍然缺少读者。其实,这些缺少读者的图书馆存在最后一道门槛,就是阅读的门槛。不少人有阅读能力,也有阅读时间和资源,但他们宁可将时间和资源花费在麻将台,也不愿意阅读。朱永新先生在推行新教育实验时,提出培养"精神饥饿感"的想法,借助这一概念,可以看到人其实是可以存在"阅读饥饿感"的。人不吃饭会感到饥饿,这种饥饿感是天生的,与生俱来的。也有人不读书会感到"饥饿",产生心理的空虚、精神的困苦等不适感,这种阅读饥饿感成为个人阅读的最大动力。与生理饥饿不同的是,阅读饥饿感并非与生俱来,而是在愉悦的阅读过程中逐步形成的。图书馆阅读推广服务的目标之一,就是培养现有读者和潜在读者的阅读饥饿感,使更多的人成为渴望阅读的人。

三、阅读推广的理论特征

从图书馆学理论角度观察图书馆阅读推广,可以看到阅读推广具有以下理论特征:

属性定位:阅读推广是图书馆服务的一种形式人群;

目标人群:阅读推广的重点是服务于特殊;

服务形式:阅读推广是活动化、碎片化的服务;

价值基础:阅读推广需要介入式服务。

由于上一节已经讨论过目标人群问题,本节对"介入式服务"的讨论也要涉及这一问题,本节不再专门讨论目标人群。

(一)阅读推广是图书馆服务

研究图书馆阅读推广,首先需要将其当作一种图书馆服务。图书馆阅读推广,无论是编制导读书目还是组织读书活动,无论组织暑期阅读还是开展亲子活动,其目的与外借阅览一样,都是图书馆对于读者的阅读或学习的服务。图书馆阅读推广虽然势必对读者的阅读行为进行干预,但干预的目的是帮助读者喜欢阅读、学会阅读,而不是对读者进行价值观、品行方面的教育。

我国图书馆界有一个深入人心的认识,就是图书馆承担社会教育的职能。这一认识影响到图书馆的阅读推广服务。许多人认为阅读推广更应该体现图书馆的教育职能,要对读者进行各种教育,既包括读者利用图书馆的能力或信息素养方面的教育,也包括对读者的阅读内容教育(如读好书、读时事政治教育书籍)、阅读形式教育(如拥抱书香,远离屏幕),甚至包括对于阅读过程中个人习惯的教育(如纠正儿童阅读姿势,禁止或纠正衣着不整者进馆)。中国图书馆界执有这种教育理念有其历史的原因。杜威图书馆学信奉图书馆的教育功能,认为教化读者是图书馆人的使命。但是,这一近乎神圣的图书馆使命在20世纪30年代以后逐渐受到质疑。

人们发现没有任何证据表明图书馆员有高于其他人的道德水平,同时公共资金资助的社会服务需要保持服务的公平性,不得将具有党派教义的"教育"掺杂其中。在美国图书馆协会《图书馆权利宣言》问世后,尊重公民使用图书馆权利的观念逐步确立,教化公民的观念逐步被放弃。西方图书馆学进入中国之时,正是杜威图书馆学时代,教化的观点影响了一代人。当西方图书馆学教化观念开始变革后,中国图书馆学却中断了对西方图书馆学的了解。直到21世纪初中国图书馆人开始研究"图书馆权利",人们才更多地了解服务读者是比教育读者更重要、更根本的图书馆职能。当然受到社会环境的影响,这种认识还远未成为我国图书馆人的共识。

比较国际图联《公共图书馆宣言》的变化可以看到国际图书馆界对于公共图书馆教育职能认识的变化。1949年版的《公共图书馆宣言》相信公共图书馆可以直接参与对公民的教育,宣言中设有"公共图书馆是民主的教育机构""人民的大学"这样的小标题,可见它对于教育的重视。1994年《公共图书馆宣言》修订版中仍然强调公共图书馆是开展教育的有力工具,但基本精神已经不再将公共图书馆当成从事教育的"机构"或"大学",而是提供平等服务的"通向知识之门"对于图书馆服务与教育功能认识的滞后,在一定程度上影响到阅读推广理论的发展。由于阅读推广在很多方面具有与教育类似的特点,人们很容易将阅读推广当作教育读者而不是服务读者的图书馆活动。具体误读表现为两个方面。一个是将阅读指导(reading instruction)当成阅读推广(reading promotion),例如中图学会阅读推广委员会的前称为"科普与阅读指导委员会"。阅读指导也可译为阅读教育,一般是学校语文教学的辅助,图书馆员在辅助学校教育中常常需要进行阅读指导,是人们将其误读为阅读推广的重要原因。另一个是将阅读经验分享当作阅读推广。不少图书馆做阅读推广就想到请名人,特别是文化名人讲座,分享他们的阅读经验。名人的号召力对于推动阅读的确有实效,但名人讲座服务的人群并非图书馆阅读推广的重点目标人群,许多图书馆将大量资源投放于此而忽略其他阅读推广服务,是不了解阅读推广是一种服务的表现。

(二)阅读推广是活动化的服务

图书馆阅读推广作为一种服务,与传统图书馆服务的形态具有较大差异。这种差异可归纳为服务活动化和服务碎片化。活动化、碎片化的服务给图书馆管理与服务提出新的课题。服务活动化是现代图书馆服务的新特征,也是一个重要趋势。以活动形式出现的图书馆服务不仅有讲座和展览等在专门场所和特定时间开展的活动,还更多地表现为在儿童阅读推广和其他特殊人群的阅读推广中,以活动化的服务取代传统外借阅览服务,即在原有借阅场所借阅时间中开展服务活动。在很长一段时间里,图书馆是一个幽静的场所。图书馆提供的服务,首先是外借阅览。外借阅读服务中,图书馆需要创造一个宁静的、不受他人打扰的阅读环境。现代图书馆还包括参考咨询类服务,这类服务往往比外借阅读服务有更多的对话,但由于对话规模不大,基本能够保持图书馆的宁静。但阅读推广服务则颠覆了原有图书馆服务的环境。读书会、故事会、抢答式竞赛、各种行为艺术在服务时间、服务场所出现,说话声、欢笑声甚至歌舞音乐声破坏了图书馆原有的宁静。美国新泽西州立图书馆介绍的公共图书馆十大创意活动,包括了扮演童话角色早餐、烹饪、探宝、模拟面试、街舞等,更具有颠覆性的事例是近年美国奈特基金会将音乐、演唱和歌舞带进图书馆,直接在阅览室进行歌舞表演,从资料看,图书馆和读者都乐于接受,活动也吸引路人进入图书馆,服务活动化在我国引起部分读者抱怨,他们习惯了图书馆高雅、舒适、宁静的阅读环境,难以适应服务活动化带来的变化,许多图书馆人也对阅读推广活动是否属于图书馆服务心生疑虑。如何改变这些观念,使图书馆管理与服务能够适应服务活动化,是图书馆学理论面临的新挑战之一无论服务活动化面临多少质疑,它逐渐成为公共图书馆主流服务的趋势不变。不但IFLA公共图书馆服务的各种宣言、指南中频频出现"活动"字样,阅读推广活动成为公共图书馆服务的新的指标也是这种趋势的标志之一。吴建中是国内学者中较早关注阅读推广活动作为图书馆服务新指标的学者,他在2012年中国图书馆年会主旨报告中介绍了国际图联大都市图书馆委员会一份调研报告,该报告提出影响图书馆未来发展的四个新指标中,第一个就是"推广活动",图书馆服务活动化的趋势也影响到我国的图书馆评估,2013年文化和旅游部组织的第五次公共图书馆评估定级指标中增加了"阅读推广活动"的指标。

图书馆服务活动化直接导致服务的碎片化,传统图书馆服务是整体感很强的服务,图书阅览室的书籍按知识体系组织,图书馆的整体布局和书籍位置许多年不变。在这种具有整体感的环境中,读者在本馆或其他馆形成的经验可以方便地帮助他们阅读,图书馆员只要进行少许知识更新就可以长期胜任图书馆服务工作。图书馆的馆长或部门主管可以通过主导图书馆的布局和设计,基本实现对服务的管理。

但是阅读推广服务不一样。例如,在同一个儿童阅览室中,尽管阅览室布局没有大的变化,但它在学期中和暑期的活动不一样,每周周一到周末的活动不一样,每天上午和下午的活动可能不一样,甚至有些图书馆阅览室在半天内可以安排两场活动。这种服务活动化必然导致服务的碎片化,并给图书馆的管理带来新的问题,从以往图书馆馆长可以主导的服务,变成需要各个岗位上的图书馆员不断设计,构思主题,策划活动,解决服务资源的服务。一般而言,图书馆员无力独自承担如此多变的服务,只能将服务主体扩大到全社会,通过志愿者服务解决碎片化服务所需人力资源问题,而图书馆员的角色也由服务的直接提供者转型为服务的组织者。

(三)阅读推广需要介入式服务

图书馆服务受人赞美,并被人提到维护社会民主制度的高度,不仅是因为图书馆能够为用户提供大量的知识与信息,还因为它在提供知识与信息时保持服务价值的中立性。最能体现图书馆服务价值中立性的是文献借阅服务。图书馆将百科全书式的知识按门类有序组织,将目录与文献全部对读者开放。读者根据自己的需要委托取用或自行取用,图书馆员仅仅承担传递文献或咨询服务,不介入读者挑选文献的过程,不指导读者阅读,将知识与信息的选择权完全交给读者,甚至保守读者秘密,不让他人知道读者阅读的内容。在图书馆参考咨询服务中,图书馆员对问题的解答中可能加入自己对于知识与信息的理解,但问题的来源属于读者,大部分问题的答案也是取自现有文献。尽管图书馆服务价值中立的原则不可避免地受到意识形态或政治、文化因素的挑战,但国际图书馆界对此原则是有共识的。2012年国际图联公布的《图书馆员及其他信息工作者的伦理准则》中有"中立、个人操守和专业技能"条款,该条款称"在馆藏发展、信息获取和服务等方面,图书馆员和其他信息工作者应当严守中立和无偏见的立场。中立才能建设最为平衡的馆藏,并为公众提供最为平衡的信息获取渠道",图书馆员和其他信息工作者应区分其个人信仰和专业职责。他们不应因为私人利益和个人信仰而损害其职业的中立性。从服务形态看,图书馆阅读推广对于读者阅读的介入程度远大于其他图书馆服务。在阅读推广时,图书馆员深度地介入读者的阅读过程。图书馆员不但直接介入从文献选择到内容解读的整个阅读过程,而且还通过各种措施鼓励读者阅读他们指定或推荐的读物。例如,在某些奖品丰厚的知识竞赛中,图书馆员明确告诉读者竞赛题的答案出自某几本读物,相当于明确指定了读者的阅读内容。介入式的阅读推广服务并不一定违背中立性原则,某些图书馆依据读者的阅读记录制作新书推荐书目,就是一种比较遵循中立性的阅读推广。但在更为一般的情况下,图书馆员需要依据自己的主观判断选择文献进行推广。因此,阅读推广服务的中立性受到人们的质疑。

在图书馆阅读推广服务中,表面上看图书馆员的立场是矛盾的。一方面,他们应该恪守服务价值中立原则,不介入读者阅读过程,另一方面,不能确保中立性的介入式阅读推广服务又在图书馆得到充分发展。解释这一矛盾依然要回到特殊人群服务问题。图书馆阅读推广的重要对象是特殊人群。由于特殊人群无法正常利用图书馆,如果图书馆员缺少深度介入的主动精神,这一人群不可能像普通读者一样接受图书馆服务,甚至可能完全被排斥在图书馆服务对象之外。因此,在"平等服务"和"价值中立"理论引导下的非介入式服务在20世纪90年代后期受到许多理论家的批评。英国图书馆和信息委员会的一份研究报告甚至认为,早期的"公共图书馆运动的核心逻辑仍然建立在继续推动普遍均等的公共服务,反映的是中产阶级白人的价值观"。所以该报告主张"公共图书馆应该成为一个更加主动的,具有干涉精神的公共机构,肩负着平等、教育和社会正义的核心使命。唯有如此,才有可能让边缘化的被排斥的群体回归到社会主流之中,也只有这个时候,公共图书馆才实现了真正的开放和平"。

表面上看介入式的阅读推广服务可能违背图书馆的职业准则,实际上它正是对普遍均等服务的补充。是公共图书馆"成为一个更加主动的,具有干涉精神的公共机构"所必须迈出的一步。当然,阅读推广的介入式服务也应该尽可能遵从价值中立,这是阅读推广理论和实践中需要进一步探讨的问题。

四、阅读推广的服务目标

图书馆阅读推广最容易看到的目标是提升服务指标。也即,通过面向所有读者的宣传,使更多的人了解图书馆,走进图书馆,利用图书馆,这种阅读推广还能增加特定文献(往往是原来利用率偏低的文献)的借阅指标,改善读者对于图书馆服务的评价。服务于这一目标的阅读推广有时也被称这"图书馆宣传"或"宣传推广",尽管它与阅读推广有很多重叠,但我更愿意将这类活动当成图书馆营销的一种形式。此外,为普通读者服务也是图书馆阅读推广的服务目标。但是,对图书馆最有价值,也最符合图书馆核心价值的阅读推广,应该是面向特殊人群的阅读推广。面向特殊人群的阅读推广服务目标可以归纳为三个方面。

(一)使不爱阅读的人爱上阅读

对于缺乏阅读意愿的人群,图书馆阅读推广的目标是引导。通过阅读推广的引导,使他们接受阅读,热爱阅读,甚至迷上阅读。无论是读者人满为患的图书馆,还是门可罗雀的图书馆,都承担着一份使命,就是培养未来的读者。否则,无论图书馆如何改善藏书与读者服务,也无法逆转图书馆读者日渐稀少的局面。图书馆可以通过生动有趣、形式多样,甚至有奖励措施的阅读推广活动,引导他们感受阅读的魅力,在生活中享受阅读的乐趣,并逐步形成阅读的意愿,直至形成阅读的饥饿感。虽然这是一个十分不容易实现的目标,但也是图书馆阅读推广最有意义的目标。例如,美国素养基金会有一个阅读推广项目"爸爸和男孩银河阅读项目",许多图书馆参加。该项目针对男孩不愿意阅读的家庭设计,在阅读能力协调员引导下使男孩和父亲一起阅读。结果发现,参与的男孩对待阅读有更积极的态度,更加喜欢阅读,比参与活动前读了更多的书籍。参与的父亲也表明他们与男孩一起阅读使男孩更加享受阅读,这一阅读推广活动的目的十分明确,就是培养男孩们的阅读意愿,并且成效显著。

（二）使不会阅读的学会阅读

对于有阅读意愿而不会阅读的人,图书馆阅读推广的目标是使他们学会阅读。在图书馆阅读推广的目标人群中,存在一类具有阅读意愿但不知道如何阅读的人群。他们相信阅读能为自己创造更多的机会,或者知道阅读能够愉悦生活,因此渴望通过阅读改变自己的人生。但由于文化程度较低,经济条件不好,或利用图书馆的能力不足,他们自主阅读存在困难。例如,成人中的文盲、半文盲、功能性文盲,许多是愿意阅读的,但是他们找不到适合自己的读物,同时也找不到适合自己的阅读方法,因而不得不远离阅读。又例如,3-10岁儿童通常会有较强的阅读意愿,但他们不识字或识字不多,无法阅读成人文字读物。对于这些人群,图书馆传统的文献借阅服务基本是无效的。图书馆需要通过有经验的图书馆员选择合适的读物,通过读书会、故事会、知识竞赛等组织方式,使他们在图书馆员或阅读伙伴的辅导下,逐渐地学会阅读。此类阅读推广最好能被设计成日常化、常规化的活动,同时需要训练有素的馆员、配套的读物和有吸引力的活动项目。如此长年训练,使读者在参加图书馆阅读推广活动过程中逐渐学会阅读。

（三）使阅读有困难的人跨越阅读障碍

对于愿意阅读但阅读确有困难的人,图书馆阅读推广的服务目标是帮助他们跨越阅读障碍。图书馆的服务人群中存在许多无法正常接受图书馆资源与服务的特殊人群,如残障人士、居家不出的老人、各类阅读症患者等,图书馆需要为他们提供特殊服务。此类特殊服务,一般都属于阅读推广服务。例如,图书馆可以通过送书上门、诵读、读书会、绘本阅读等阅读推广活动,帮助他们走进阅读。上海浦东图书馆曾经坚持8年进行盲人数字阅读推广,2010年获国际图联 Ulverseroft 基金会最佳实践奖,2013年中国图书馆年会的一个主题论坛上,浦东图书馆的盲人读者王臻先生举起手中的盲杖深情地说:"这根盲杖带我走到这个会场,图书馆教我的数字阅读是我的第二根盲杖,它带我游览更宽广的世界"。王臻先生的话非常形象地说明了图书馆阅读推广对于阅读困难人群的价值:帮助他们跨越阅读障碍。

第四章 图书馆阅读推广理论疆域的拓展

第一节 我国图书馆阅读推广理论的三次拓展

21世纪前10年我国图书馆学最引人注目的事件,是图书馆人研究与宣扬现代图书馆理念,推动图书馆公平服务和公共图书馆免费开放的运动。在这一理论进军的运动中,图书馆理论界与实践界均有出色表现,优秀理论成果和实践案例层出不穷,不但将我国公共图书馆服务水平推进到一个全新的高度,而且使现代图书馆理念的核心元素,如图书馆权利、公平服务、多元与包容性服务,等等,真正成为我国图书馆学理论的支撑性元素。在21世纪的前10年,还有一个不那么受人关注的事件,这就是图书馆阅读推广研究。2010年以后人们才意识到,阅读推广这个当时不为主流图书馆学关注的领域,经过王余光、徐雁、吴晞等先行者数年开拓,已经成为我国图书馆学理论领域中最活跃、影响力最大的领域之一。

2005年中国图书馆学会成立了"科普与阅读指导委员会",当时该委员会影响力甚微。2009年该委员会更名"阅读推广委员会"后,该委员会突然发展成为规模和影响力不低于中国图书馆学会学术委员会的一支学术力量。2005年前后我国图书馆学领域出现"阅读推广"主题的论文,当时也几乎不为人所关注。但2010年以后,阅读推广主题的学术会议、学术论著和研究课题爆发式增长,从图书馆阅读推广的论文数量、论文影响力、课题数量与课题级别等基本学术指标看,图书馆阅读推广已经成为图书馆学领域一个重要的分支领域。

尽管阅读推广理论发展迅速,与国内外图书馆极为丰富的阅读推广实践相比,理论的深度与广度并不能完全与之匹配。例如,绝大多数阅读推广研究论著集中于应用研究领域,研究者热衷于研究阅读推广服务的个案,研究性质基本属于经验描述。即使用到的一些研究工具,也是最基础的个案分析或用户调研工具,其实,图书馆阅读推广作为一种新型的图书馆服务,具有完全不同于原有图书馆服务的理论特征,需要全新的管理与服务方法。当代图书馆学的重要理论使命之一,是为图书馆阅读推广发展提供基础理论、研究方法和其他应用性研究成果。①

在图书馆学发展史上,当20世纪中叶图书馆开始出现信息服务后,国际图书馆学理论界迅速吸收信息管理理论与方法,将图书馆学改造成为全新的图书馆学信息学。这一改造也保证了图书馆学理论在信息时代仍然具有较强的生命力。当前,图书馆阅读推广已经成为图书馆主流服务,成为国际组织和图书馆行业协会评价图书馆服务的主要指标。但是,就国际图书馆学整体看,图书馆阅读推广研究并未进入图书馆学理论体系,更不要说用阅读推广理论与方法改造现有图书馆学,造成这一局面的主要原因是当前国际图书馆学基础理论领域整体不景气,能够进行抽象思辨的理论家匮乏,导致图书馆学无法对新兴的阅读推广服务进行系统梳理和理论提升。这一状况也影响到我国图书馆阅读推广研究。以往我国图书馆学最常见的发展模式是理论引进,而国际图书馆学现状导致理论引进模式在图书馆阅读推广理论领域难以复制。为创建与图书馆阅读推广发展相适应的图书馆学理论,中国图书馆人需要更加深入地研究图书馆阅读推广的理论问题,建立有效的研究方法,构建完善的理论体系,发展丰富、成熟的学派学说。实现这一理论建设目标的路径之一,就是大大拓展图书馆阅读推广的理论疆域,使现有图书馆阅读推广的理论研究跳出个案总结和用户调研分析模式,拓展到更为广阔的理论疆域。

由于国内外图书馆阅读推广内涵并不确定,我国图书馆阅读推广研究的起步年代很难考证。如果单以"阅读推广"术语论,2005年宋玲的《图书馆提高国民阅读率的对策》首次提及阅读推广,次年图书馆学论文标题中出现阅读推广,2005年也是中国图书馆学会科普与阅读指导委员会成立的年份。因此可以将2005年当成我国图书馆阅读推广研究起步时间。从2005—2009年,我国图书馆阅读推广研究论文的数量逐年增加,但增长态势并不明显。这一阶段的年发文数量在百篇以下,且内容较为雷同,主要

---

①傅春平. 公共图书馆智慧服务的探索与实践[M]. 广州:世界图书出版广东有限公司,
2020.

是单一图书馆阅读活动的经验介绍。从2009年起,我国图书馆阅读推广研究开始突破性发展,从2009年至今,图书馆阅读推广理论疆域已经出现三次重要拓展。

一、2009—2013年:接轨图书馆理论与实践

2009年对于图书馆阅读推广研究是十分重要的年份。2005年科普与阅读推广委员会成立时,图书馆行业并未整体参与促进全民阅读的运动。这一届委员会与文化、出版行业渊源较深。该委员会下属5个委员会中,只有"图书馆与社会阅读"与图书馆关系较为密切,但也带有较为明显的文化界色彩。2009年科普与阅读指导委员会更名为阅读推广委员会,换届后下属专业委员会从5个增加到15个,吴晞先生接替王余光教授成为阅读推广委员会主任。吴晞先生的图书馆馆长身份使新一届阅读推广委员会具有更加强烈的图书馆服务色彩,新增加的专业委员会中,"儿童与青少年阅读推广""大学生阅读推广""数字阅读推广""图书评论与阅读推广""图书馆讲坛与培训""社区与乡村阅读推广""残疾人阅读"等都是图书馆服务框架下的阅读推广,这些专业委员会的出现可看出当时阅读推广理论的拓展倾向。

早期图书馆界关注阅读推广,更关注的是阅读,特别是个体的阅读行为,研究成果主要是鼓励人们阅读活动的总结,2010年图书馆阅读推广与图书馆服务接轨后,图书馆学领域研究阅读推广的论文数量开始跳跃式增加,年发表论文数超过百篇,论文的内容突破了以介绍图书馆阅读推广活动为主的经验描述形态,出现了吴晞的《图书馆为什么要进行阅读推广》、王波《图书馆阅读推广亟待研究的若干问题》等具有极强学理性的论文。上述王波的论文被引超过300次。此外谢蓉《数字时代图书馆阅读推广模式研究》、郑章飞《图书馆阅读推广理论与实践研究述略》,崔波,岳修志《图书馆加强阅读推广的途径与方式》等学术性较强的论文也是被引过百的高被引论文。

国家课题方面,2010年王波的国家社科基金一般项目《图书馆的阅读推广活动调查研究》(10BTQ011)是我国第一个在项目名称中出现"阅读推广"的国家项目。该项目对图书馆阅读推广理论领域的拓展成效显著,如较为深入地介绍了一批欧美和亚洲国家的图书馆阅读推广,讨论了儿童阅

读推广、高校图书馆阅读及数字阅读推广等理论问题。特别是《图书馆阅读推广亟待研究的若干问题》一文首次关注图书馆阅读推广的法理基础问题,阅读推广绩效评价问题,阅读推广活动常规化问题等等,这篇论文提出的理论问题是极具前瞻性的,它们关系到图书馆阅读推广能否在科学、专业的道路上前行,也是图书馆阅读推广理论基础与理论体系的核心问题。

二、2014—2017年:拓展阅读推广基础理论研究

2014年开始,图书馆阅读推广论文数量超过1000篇,随后论文增长态势缓解,标志着这一领域粗放式增长的终结。2014年崔波的国家社科基金重点项目《基于读者需求的图书馆阅读推广活动与服务创新研究》(14ATQ002)立项,这是阅读推广第一次出现在国家社科重点项目立项名称中。该项目重心并非阅读推广基础理论,但所发表的系列论文中不少涉及阅读推广基础理论。如《阅读推广的要素分析》讨论了目的、主体、阅读推广对象、内容、活动、效果等6种阅读推广要素的性质与特点,分析了各要素的内涵及其逻辑关系。《阅读推广的概念与实施》探索了阅读推广的基本含义,分析了阅读推广的主要特点,总结了开展阅读推广活动的主要思路和实施办法。

《图书馆阅读推广活动方式的产生机理分析》指出阅读推广活动方式的产生机理具有必要性,提出影响阅读推广活动产生方式的读者的阅读属性、图书的阅读属性、阅读推广的属性,特别值得一提的是,2010年王余光曾获国家社科基金重点项目《建设学习型社会与图书馆的社会服务功能研究》(编号10ATQ03),该项目2014年结项时改名为《图书馆阅读推广服务研究》,结项成果专著《图书馆阅读推广研究》。该项目成果分析了阅读、图书馆阅读推广等方面的理论问题,对阅读转型进行了历史考察,对中国阅读推广的争论进行了分析。王余光是我国图书馆阅读推广的知名大家和公认的开拓者。《图书馆阅读推广服务研究》这一重点项目对于我国图书馆阅读推广理论与实践研究的意义也是开拓性的。

2014年,《中国图书馆学报》发表《阅读推广与图书馆学:基础理论问题分析》。这篇论文研究了部分图书馆阅读推广中的基础理论问题,如阅读推广与图书馆服务、图书馆核心价值的关系,这篇论文提出的一些观

点,如阅读推广的目标人群是全体公民,但重点是无法正常接受图书馆服务的特殊人群;阅读推广的理论特征包括阅读推广的属性定位、目标人群、服务形式和价值基础;体现图书馆核心价值的阅读推广的最终目标是通过阅读提升公民素养,使不爱阅读的人爱上阅读,使不会阅读的人学会阅读,使阅读有困难的人跨越阅读的障碍,属于阅读推广领域较为核心的理论问题,这也使本文产生了较大的影响力,目前其被引不仅在阅读推广领域排名第一,而且是近5年图书馆学情报学领域被引排名最高的论文(CNKI数据)。

2015年图书馆阅读推广委员会再次换届,计划新成立的专业委员会中,出现了"图书馆阅读推广基础理论研究专业委员会"后因名称过长,正式成立时简化为"阅读推广理论研究专业委员会"。这一专业委员会的成立,说明阅读推广理论研究朝基础理论拓展已经在阅读推广研究领域形成共识。

三、2018年至今:引导阅读推广专业化的研究

2018年,图书馆阅读推广理论研究再度突破。当年国家社科基金重大项目指南中出现"图书馆阅读推广理论与实践研究",并最终获得立项。国家社科重大项目是我国社科领域可公开申报的最高级别项目,由于项目的特殊性,以往获得立项是的往往是信息技术类、文献或学术史类,图书馆服务领域的选题极少。图书馆阅读推广研究获得立项,某种程度上意味着这一领域已经获得主流图书馆学的认同。

2018年至今,图书馆学继续关注图书馆阅读推广的理论、管理与服务问题,如基础理论领域关注阅读推广研究的研究范式、研究方法等学科发展问题。更重要的是,研究者正在围绕图书馆阅读推广的专业化建设开展理论工作,李东来在《对图书馆阅读推广的思考》一文中明确提出图书馆阅读推广应该走法治化和专业化相结合之路。图书馆阅读推广从图书馆人自发的创新服务发展为图书馆人履行使命,服务国家全民阅读活动的重要手段,势必导致图书馆阅读推广向专业化方向发展。阅读推广专业化的重要标志是理论界对阅读推广进行科学抽象和学科化理论梳理,例如将图书馆阅读推广宏观管理梳理为制度研究、环境研究等研究领域,将图书馆阅读推广的微观管理梳理为创意管理、品牌管理、组织实施管理、评估、测

评等。这些研究都是促使图书馆阅读推广走向专业化的理论工作。

推动图书馆阅读推广走向专业化的研究是一次新理论拓展。目前这一拓展还在艰难进行中,但却值得期待。

第二节 海外阅读推广活动的基本特点和趋势

阅读推广是提升国民素质的基础路径之一。中国新教育实验发起人朱永新教授指出:"一个人的精神发育史就是他的阅读史,一个民族的精神境界取决于这个民族的阅读水平,一个没有阅读的学校永远不可能有真正的教育,一个书香充盈的城市才能成为美丽的精神家园。"由于阅读对于个人、民族、国家乃至全世界发展都具有非常重要的意义,联合国教科文组织(United Nations Educational Scientific and Cultural Organization, UNESCO)、欧美主要国家很早就开始推行世界性或全国性的阅读推广计划,并产生了众多颇具世界影响力的品牌项目,极大地推动了书香社会的发展进程。

一、联合国教科文组织

联合国教科文组织成立于1946年,旨在通过教育、科学和文化促进各国合作,对世界和平和安全做出贡献,在世界性图书及阅读推广行动的开展方面,起着积极的推进与引导作用。1970年,联合国教科文组织第16届大会宣布确定1972年为"国际图书年"(International Book Year, IBY),并选择了4个主题:鼓励著作权和翻译;图书生产和销售,包括发展图书馆;培养阅读习惯;服务于教育、国际理解与和平合作的图书。国际图书年的确立及系列行动计划推动着世界范围内的图书推广进程。1972年,联合国教科文组织发起了全民读书"Books for All"的倡议。在该倡议的推动下,许多成员国及地区建立起图书发展委员会,发起书展、文学奖评选、阅读协会和俱乐部、读书讲座与读书会等阅读推广活动。为评估过去十年图书推广成效,并规划未来的行动计划,1982年,联合国教科文组织在伦敦召开题为"走向阅读社会——80年代的目标"的世界图书大会,提出了规划国家图书战略、在各种社会中创造阅读环境等发展目标。1995年联合国教科文组织将 4 月 23 日定为"世界图书与版权日",以推进阅读、出版与版权保护。此后,每年的 4 月 23 日前后世界上许多国家和地区均会举行丰富多彩的阅读活动。1997 年,联合国教科文组织发起全民阅读"Reading for All"活动。[①]

　　为促进图书出版与公众阅读,2001 年联合国教科文组织启动了"世界图书之都"(World Book Capital)项目,联合国际出版商联合会、国际书商联合会和国际图书协会,共同讨论评选在阅读文化上做出突出贡献的城市,西班牙马德里、埃及亚历山大、印度新德里、比利时安特卫普、加拿大蒙特利尔、意大利都灵、哥伦比亚波哥大、荷兰阿姆斯特丹、黎巴嫩贝鲁特、斯洛文尼亚卢布尔雅那、阿根廷布宜诺斯艾利斯、亚美尼亚埃里温、泰国曼谷、尼日利亚哈科特港、韩国仁川、波兰弗罗茨瓦夫、几内亚共和国科纳克里、希腊雅典等城市先后获此荣誉。该项目被认为是全世界图书与阅读最成功的项目之一。

二、德国

　　早在 18 世纪晚期,德国就曾掀起过历时 25 年的"阅读革命"。这场革命使读书不再是贵族的特权,中产阶级和普通老百姓开始广泛触及阅读图书,整个德国社会热衷读书的大幕由此拉开。大诗人席勒将 18 世纪的德国称为"一个被墨渍铺盖的世纪""一个读书成瘾的世纪"。1763 年德国颁布了《普遍义务教法》,1807 年普鲁士政府承担起"教育整个民族"的重任,这两项举措进一步将"阅读革命"推向高潮,奠定起深厚的民族阅读根基。其后,德国通过发展出版事业、书店业、图书馆业、创建阅读引导机构——阅读基金会(Stiftung Lesen)等方式,营造出书香之国的氛围。

　　德国的出版业、书店、图书馆系统均非常发达。根据《中国出版传媒商报》的报道,德国有 2200 多家出版社,2016 年、2017 年出版新书均为 7.2 万余种。由德国书业协会创办于 1949 年的法兰克福书展被誉为"出版界的奥林匹克大会",每年有 100 多个国家和地区、7000 多家出版商和书商、30 多万个新品种参加,已成为世界最大和最重要的图书贸易展销会,被称作"世界文化的风向标"。根据《光明日报》2016 年 4 月的报道,德国有近 8000 家书店,另有许多书店与咖啡厅结合的读书场所,书店工作人员达 31000

---

①李明. 高校图书馆阅读推广研究[M]. 北京:朝华出版社,2019.

余名。许多书店因为极富创意的设计及独特的主题特色,吸引着全世界的爱书人专程前来选购书籍。德国拥有发达的图书馆系统,包括州立图书馆、市(镇)图书馆、社区图书馆、学校图书馆、教会图书馆等在内的各类型图书馆约有1.8万家,使德国人看书"比买啤酒还方便"。2011年前后,公共书架(Public book Shelves)悄然兴起于德国的街头、城市广场及郊区超市里。这种书架每个造价约为5000欧元,主要依靠捐赠并由志愿者团队管理,可以放置200本左右的书。人们可以拿走想看的书,并留下自己希望与他人共享的书,无须登记,也无借阅期限。书店、图书馆、公共书架让德国民众可以随时阅读图书,营造出浓厚的书香气息,推动了德国社会阅读的发展。

德国阅读基金会(Stiftung Lesen)成立于1988年,是一个政府支持、众多名人参与的全民阅读推广组织,致力于为不同的社会群体提供相应的阅读促进计划,使德国成为一个阅读之国,让每个孩子、每位成年人都具备良好的阅读和媒体素养。基金会扮演着全民阅读的国家联系人和践行者的角色,通过调查研究、政策建议和各种项目不断改善"德国国民阅读境界"。同时,基金会还将自己视为促进社会和政府间对话交流的中间人,促进不同国家机构、基金会、政府、公众、学术界和商界之间合作的协调者。基金会由历届德国总统担任名誉主席和总顾问,组织构成包括理事会、联合委员会、学术顾问组以及日常运营团队。理事会成员由出版机构代表、图书馆协会代表、教育协会代表、总统办公室代表、政府各部代表、广电机构代表等构成,是基金会的决策机构,工作内容包括确定工作方向,并在争取政治、经济及社会各界参与基金会项目活动方面提供支持。联合委员会主要为基金会提供资金支持,由多元机构、协会及企业成员构成。学术顾问组为基金会的科研和项目工作提供内容支持,并跟踪研究阅读和媒介素养领域的新趋势和新问题。基金会的工作还得到很多社会精英和知名人士的志愿支持,包括作家、政治家、学者、媒体人、音乐家、主持人、体育明星、娱乐明星等。这些志愿者无偿担任基金会的阅读大使,并亲自参加基金会的许多活动。日常运营团队由总经理、业务经理、运营经理及下属项目部组成,拥有全职员工40余人。下属项目部主要有"家庭和幼儿园"项目部、"少年和学校"项目部、科研项目部、公关部等,面向青少年、家长、教育工作者、图书馆员、社会人士,为他们提供阅读建议、培训、导读手册等免费服务。此外,基金会还设有阅读与媒体研究所,主要任务是对媒介使用、阅读及朗读、阅读的社会化等问题进行科研调查,对项目进行跟踪与评估,组织阅读和媒体研究领域的各种主题会议。为了更好地开展基金会的工作,有效地提高基金会工作人员的辅导能力和指导水平,2004年,基金会在汉诺威莱布尼茨图书馆成立了"阅读推广学院",为基金会的阅读推广工作人员提供专业的阅读指导和训练。基金会通过开展全国性的阅读推广项目、设立阅读相关奖项的方式,来引导及推动全民阅读。典型的阅读推广项目及奖项有:

(1)"4·23世界图书日"。从1996年起,阅读基金会联合德国书业协会、德国邮政、电视台等举办"送个故事给你"活动,将25万册图书送给全国4-5年级的小学生,同时还为教师提供阅读辅助材料和指导服务。2012年起,该活动扩展至成年人,名为"以书会友"。阅读达人可以从专家推荐的书单中选出一种,在4月23日赠送给多个朋友,分享阅读的快乐。

(2)"全国朗读日"。从2004年开始,阅读基金会联合时代周报和德国铁路基金会在全国范围内开展朗读日活动,让人们在学校、幼儿园、书店、图书馆、博物馆、火车站、购物中心、游乐场大声朗读,以激发全民阅读和朗读的兴趣与热情。许多来自政治、文化、体育及传媒界的名人也参与了全国朗读日活动。

(3)"阅读起航"。参照起源于英国的"阅读起步走"(Bookstart)项目,2011年阅读基金会与德国联邦教育和研究部联合发起全国性的"阅读起航"项目。项目联合儿科诊所、幼儿园和小学,分别在孩子1岁、3岁和6岁时向家庭赠送阅读礼包,其中有给孩子的适龄图书、给父母的亲子阅读指导和当地的阅读服务大全。根据基金会2013年的统计,约有5000位儿科医生和4800家图书馆加入了"阅读起航"项目。

(4)"德国阅读奖"。由阅读基金会与德国商业银行基金会共同设立,于2013年10月首次颁发,年度奖金总额为23000欧元。

(5)"迪特里希奥彭贝格媒体奖"。由基金会与新鲁尔新莱因报基金会共同设立,旨在奖励在教育政策和阅读文化方面有突出表现的作品。该奖每年颁发一次,奖金为6000欧元。

三、英国

英国是一个较早开展阅读推广事业的国家,政府部门、基金会、慈善机构、企业等均直接或间接地推动着社会阅读及图书馆事业的发展。从政府部门来看,英国文化、媒体和体育部(Department of Culture,Media and Sport,DCMS)及其下属的英国艺术委员会(Arts Council England,ACE)、英国教育和就业部(Department for Education and Employment,DEE)对于社会阅读推广事业给予了极大的支持。以培育社会阅读兴趣与习惯为基本目标的基金会及慈善组织有英国图书信托基金会(Booktrust)、英国全国读写素养信托基金会(National Literacy Trust,NLT)、阅读社(The Reading Agency),英国全国性的阅读推广项目多由这些机构发起或实施。同时,英国还有一个非常特殊的、对英国阅读推广及图书馆事业发展起着很大推动作用的公司——开卷(Opening the Book)。

(一)英国图书信托基金会发起的阅读推广项目

英国图书信托基金会创建于1921年,是英国最大的儿童阅读慈善机构,目标为以阅读改变生活,通过赠送图书及资料并提供相关支持,每年为340万儿童提供阅读服务。英国图书信托基金会主导的旗舰项目为1992年发起的"阅读起步走"(Bookstart)。该计划由英国文化、媒体和体育部资助,通过医疗卫生机构、图书馆等与儿童早期教育相关的机构,在孩子0-12月之间及3-4岁之间将图书礼包赠送给幼儿家庭,以帮助婴幼儿家庭从小培养孩子的阅读兴趣与习惯。鉴于该项目对儿童学习能力所产生的良性成效,1998年英国森宝利连锁超市(Sainsbury's)赞助600万英镑的经费,以在全英国范围内推广该计划。2000年,英国约有92%的幼儿受惠于此项目。2005年,英国政府拨款2700万英镑,赠送450万份图书礼包给全英国4岁以下的幼儿。"阅读起步走"模式在全世界产生了广泛的影响,目前已扩展至欧洲、澳洲各国及日本、韩国、泰国等国家,以及中国的台湾地区和苏州等城市。

图书信托基金会发起的其他阅读推广项目包括:"阅读时光"(Time to Read),为4-5岁的孩子提供图书礼包,推动家庭每天亲子阅读10分钟;"信箱俱乐部"(Letterbox Club),由地方当局和学校为孩子报名参加,半年内每个月为5-13岁的学生提供彩色图书、数字游戏和文具;"故事猎人"(Story Hunters),由学校为4年级学生报名参加,半年内每个月为学生提供精选书籍、相关游戏及资料,以培养阅读兴趣;"图书嗡嗡"(Bookbuzz),由学校为11~13岁的学生报名参加,为学生提供他们从专家推荐的17种图书中挑选出的图书。

（二）英国全国读写素养信托基金会发起的阅读推广项目

英国全国读写素养信托基金会创建于1992年，是一个独立的慈善组织，致力于提升英国贫困社区（1/3的人存在读写问题的社区）的阅读与听写技能，领导、发起及参与了英国诸多具有广泛影响的阅读促进项目。

在英国教育和就业部的支持下，英国全国读写素养信托基金会于1998年9月至1999年8月领导及实施了"国家阅读年"（National Year of Reading，NYR）活动计划，旨在创建一个读者之国，并帮助提高学校的阅读标准。阅读年中每个月均设定了主题，如讲故事、诗歌阅读、戏剧阅读、多媒体图书阅读、互联网阅读、运动阅读、报刊阅读等。通过项目资助的方式，"国家阅读年"激发了社会各界广泛的阅读推广热情，商界、传媒界、图书馆和教育机构、政府组织、志愿部门、文学界、艺术界、图书业等纷纷参与活动，以创新的方式推动社会阅读。"国家阅读年"还产生了广泛的社会影响，活动意义及效果受到多方认可与赞扬，并得到高度认同机构的赞助，如森宝利连锁超市给予英国全国读写素养信托基金600万英镑的资助，英国文化、媒体和体育部设立为期两年、每年200万英镑的读者发展基金以支持公共图书馆的读者发展。延续1998年阅读年模式，在英国全国读写素养信托基金、阅读社及由英国艺术委员会、图书信托基金会、博物馆、图书馆和档案馆委员会、国家青年社等9个组织联盟的领导下，"国家阅读年"活动于2008年再次举行。此次活动取得了极大的成功：网站登记的活动有近6000起；图书馆新增230万读者，其中70%为儿童，比"国家阅读年"启动时增加了58%；参加暑期阅读挑战活动的男孩有2.3万。

（三）阅读社发起的阅读推广活动

阅读社（The Reading Agency）创建于2002年，是一个致力于推广阅读的慈善机构，主要由英国艺术委员会资助，与公共图书馆有着密切的关系。阅读社的基本信念为：当我们阅读时，一切都在改变。为激励儿童、青少年及成人等不同社会群体的阅读，阅读社发起了多项影响全国的阅读活动。

（1）"夏季阅读挑战"（Summer Reading Challenge）。该项目是英国最大的儿童阅读挑战计划，目标是推动4-11岁的儿童夏季阅读6本及以上的图书，完成挑战的孩子将获得到证书。98%的英国公共图书馆参与了该计划。

（2）"图书絮语"（Chatterbooks）。该项目始于2001年,以阅读俱乐部的方式开展,目前是英国最大的儿童读书俱乐部网络,目标对象是4-12岁的儿童,目前约有9000多名儿童会员。

（3）"阅读先行"（Reading Ahead）。每年英国公共图书馆、高校、工作场所、监狱都会举行该活动,鼓励成人参加6本书阅读挑战。2017至2018年,3.85万人参与了这个活动项目。

（4）"世界图书之夜"（World Book Night）。该项目名源于"世界图书日",首次活动举行于2011年。自2012年开始,该庆祝活动于每年4月23日举行,通过图书馆、监狱、高校、医院、收容所等机构或热心人士向那些不常读书的人赠送图书,以推动更多的成人阅读。

（5）"阅读之友"（Reading Friends）。该项目由大彩票基金资助,旨在通过阅读来开展对话,以解决孤独和孤立的问题。

（6）"健康阅读"（Reading Well）。该项目由健康专家和有生活经验的人开发及支持,旨在与图书馆合作,帮助人们通过阅读来理解及管理他们的健康问题。

（7）"快读"（Quick Reads）。该项目于2006年推出,通过与知名作家合作,请其创作出版短小且引人入胜的书籍,在图书馆、监狱、大学、医院和成人学习组织中分发,或是在书店出售,以推动那些有阅读困难的人阅读。

（四）开卷发起的阅读推广项目

开卷源起于雷切尔（Rachel Van Riel）1990年创建的创造性阅读、写作与出版咨询工作室,1991年该工作室得到艺术委员会的资助,为公共图书馆提供咨询与培训。1992年,在艺术委员会的支持下开卷举办了题为"解读未来"（Reading the Future）的研讨会,探讨公共图书馆在现代文学推广中所扮演的角色,对英国公共图书馆产生了巨大的影响。"读者发展"（Reader Development）是开卷服务及产品设计的核心理念,意指通过积极干预来增强人们的阅读信心与乐趣,开展阅读选择,提供阅读经验分享机会,以及提升阅读作为创造性活动的地位。基于读者发展理念,开卷本着以读者为中心而非传统的以馆藏为中心的思想,对图书馆家具、物理空间布局、推广方法、读者参与方式进行新型思考与设计,以新型家具供应、图书馆布局支持、馆员培训的方式,服务于英国公共图书馆、中小学图书馆的建设与革新,产生了广泛的影响。开卷发起的主要阅读项目有:

（1）"分枝"（Branching Out），一期于1998年启动，有33家图书馆参加，将"读者发展"的理念应用到图书馆政策、职责描述、馆藏管理、推广、员工培训、以读者为中心的网站等图书馆服务设计中；二期由艺术委员会支持，于2006年完成，有149家图书馆参与。

（2）馆藏质量评估工具SQHC（Stock Quality Health Check），开发于2004年，因为应用该工具后产生了惊人的对比数据并引发激烈的讨论，之后短短3年SQHC就几乎被所有图书馆的服务评估所采用。

（3）"前线"（Frontline）在线培训项目，启动于2005年；2006年，成为图书馆界最成功的大型在线培训案例；2005至2007年间98%的英国图书馆参与了"前线"项目；2013年"维多利亚前线"（Frontline Victoria）完成，成功培训了1000名澳大利亚图书馆工作人员；2015年"前线"更新为"前线基础版"（Frontline Basics）、"前线标准版"（Frontline Standard）、"前线专业版"（Frontline Profesional）3个版本。基础版含4次课程，为新进馆员及志愿者介绍图书馆环境下的"客户关怀"理念；标准版含5次课程，通过示范与互动练习的方式，开展标准的图书及阅读推广的培训，使被培训人员的服务水平达到开卷设计的标准。专业版含5个模块，教授在图书馆工作中引入、发展及嵌入"以顾客为中心"的实践。

（4）"图书空间"（Book Space），2011年开卷将"图书空间"概念引入到小学，其后的3年，开卷为150所小学设计创建了图书馆或图书角，2015年开卷成为英国小学"图书空间"引领性提供商。

另外，开卷基于新型研究与设计，于2003年提出了"快速挑选"（Quick Choice）的概念，又在艺术委员会的支持下于2008年出版了《读者友好的图书馆服务》（The Reader friendly Library Service）一书。2016年，开卷创立了北美分公司，将其理念及产品向美国、加拿大扩展。

2013年，英国文化、媒体和体育部发布了《未来的框架：未来10年的图书馆、学习和信息》（Framework for the Future：Libraries Leaning and Information in the Next Decade），该框架认为阅读几乎是所有文化和社会活动的首要前提，并将阅读推广和非正式学习推进列为图书馆现代使命的三大核心之一，进一步明确了阅读推广在现代图书馆工作中的重要地位。在政府部门、慈善机构、文化企业的合力推动下，英国呈现出书香社会的风貌，对世界各国的阅读推广事业产生了极大的借鉴示范作用。

四、美国

美国是一个非常重视阅读推广的国家,从总统及第一夫人,到相关政府部门、由政府支持的非营利性机构,均积极地推出全国性或地方性的阅读推广计划,联合图书馆、学校、教会、出版传媒机构、医疗卫生组织、志愿者等,面向未成年人或是全体社会,开展丰富多彩的阅读推广活动,营造出热烈的阅读推广氛围。

1966年,致力于推进0-8岁儿童阅读与读写能力的非营利组织"阅读是基础"(Reading Is Fundamental, RIF)成立,成立当年即有4.1万华盛顿小学生收到20万本书。其后两年福特基金开始资助RIF,该项目由此进一步推广至全美。

RIF主要实施的项目有:旗舰项目Books for Ownership、Care for Read、Family of Reader。所有RIF的推广项目均包含3个核心要素:阅读激励、家庭和社区参与、挑选及留存免费图书的兴奋感。目前,RIF的项目遍布美国50个州,每年通过各州社区志愿者为儿童提供约400万份免费新书及素养资料。英国亦借鉴应用了该模式。

美国历史上数任总统及第一夫人对社会阅读问题均高度关注,专门出台相关法案或计划来推动国民阅读。里根政府将1987年定为"全国读者年"(Years of the Reader)。克林顿总统非常重视美国儿童的阅读问题,为确保儿童在小学三年级未掌握独立阅读的能力,分别于1997、1998年通过了《美国阅读挑战法案》(America Reads Challenge Act)、《卓越阅读法案》(Reading Excellence Act)。2002年,小布什政府签署了《不让一个孩子落伍法》(No Child Left Behind Act)的教育改革法案,其中包含"阅读优先"(Reading First)计划,要求由该计划资助的学校须基于科学研究来开展三年级儿童的阅读指导。

1977年,美国国会图书馆设立图书中心,在全国性阅读推广计划的策划、组织与引导中发挥重要作用。图书中心推出的极有影响力的两个阅读推广项目为:

(1)"一城一书"(One City One Book),原型起源于1998年西雅图公共图书馆华盛顿图书中心主任南希·珀尔(Nancy Pearl)发起的"如果西雅图全城共读同一本书"(If All of Seattle Read the Same Book)活动,其后该活动形式得到广泛推行。一城一书的活动内容通常包括:"同读一本书"活动、读书研讨会、关于图书的报告或演讲、作者见面会、展览、相关电影播放，或是作为高校整合课程的一部分。为指导各地开展该活动，美国图书馆协会制作了详细的实施指南，包括如何组织该活动、如何挑选图书等。国会图书馆图书中心网站记录了过去举行过的"一城一书"项目及曾被挑选阅读的图书目录等信息。美国国家艺术基金会2006年开始启动"大阅读计划"（The Big Read），从大阅读图书馆中挑选同一本书进行阅读的社区共读活动（也称为"One Community One Book"）可以申请大阅读计划资助。"一城一书"模式于2000年左右开始在美国高校流行，并且在全世界范围内都颇为盛行。

（2）美国国家图书节（National Book Festival）由美国第43届总统夫人劳拉·布什（Laura Bush）与国会图书馆图书中心于2001年共同发起。劳拉于1973年获得图书馆学硕士学位并开始成为图书馆员，这种经历使她非常重视阅读对于个人与国家发展的重要性。因此，早在1995年她即与相关人士联手创建了以奖励作者、推动阅读兴趣及助益公共图书馆为目标的得克萨斯州图书节，并于1996年领导举办了第一届活动。成为美国第一夫人后，她仍热衷于推广阅读。2001年，她作为名誉主席，与国会图书馆馆长詹姆斯·贝灵顿（James H. Bilington）联合发起举办了第一届美国国家图书节。图书节每年一届，在每年的九、十月份于华盛顿国家广场举行盛大的图书节庆典活动，吸引了众多游人参加。劳拉连续担任了8届国家图书节名誉主席，自2009年起由奥巴马与其夫人共同担任名誉主席。

2013年，超过20万人参加了国家图书节，以致华盛顿国家广场的草坪被踏坏。图书节期间，美国各州图书馆也会举行展览、图书签售会、音乐表演、讲故事活动、圆桌会议、插图和新技术演示等系列活动，全国范围内呈现出浓厚的阅读氛围。贝灵顿认为"国家图书节已经成为真正的美国习俗"。

美国国家艺术基金会（The National Endowment for the Arts，NEA）委托美国国家统计局于2002年开展了一项关于美国文学阅读的全国性大型调查。调查报告《阅读危机：美国文学阅读的调查》（Reading at risk：a survey of literary reading in America）显示美国文学阅读在加速衰落，尤其在青年群体中此种趋势更为明显。

为复兴美国文学阅读的文化力量，美国国家艺术基金会与美国中西部艺术联盟（Arts Midwest）合作于 2006 年发起了"大阅读计划"（The Big Read），通过项目申请资助、提供备选书目、立项机构以"一城一书"的形式开展多元活动的模式，推动全国阅读的发展。"大阅读计划"每年资助 75 个左右的动态社区阅读项目，经费为 5000～15000 美元之间，同时提供资源及各种培训。培训主题包括如何与当地父母合作，发展公共关系的策略，如何引导读书讨论等。阅读活动通常持续一个月，相关活动包括市政官员参加的开幕式、小组研讨与作者朗诵、相关电影与戏剧表演等。自 2006 年以来，美国国家艺术基金会共资助了超过 1400 个大阅读活动，提供了超过 1900 万美元的赞助，活动覆盖到美国每一个国会选区。截至 2018 年初的 11 年里，受资助机构促使当地出资超过 4400 万美元来支持大阅读活动。超过 490 万美国公民参加了大阅读活动，约 8.2 万志愿者与 3.9 万个社区组织参与其中。

为推动未成年人阅读，美国各类机构不遗余力地启动了大量儿童阅读推广项目，如美国教育协会（National Education Association）于 1997 年开始推出"读遍美国"（Read Across America），国会图书馆图书中心于 1993 年开始推出的"文学书信"（Letters about Literature Contest）、1995 年开始推出的"词汇之河"（River of Words）、2008 年开始推出的"全美青少年文学大使"（National Ambassador for Young People's Literature），美国医疗机构发起的"触手可读"（Reach Out and Read），美国出版商协会发起的"直击阅读"（Get Caught Reading），美国教育部推出的"夏季阅读运动"（Summer Reading Campaign）、"现在读写"（Read Write Now!）等，覆盖到医院、图书馆、学校、教堂、书店、社区、公园、超市，甚至是餐厅等场所。

第三节　阅读推广理论拓展的方向

阅读推广理论研究能够指导图书馆人自觉地开展阅读推广服务，从事阅读推广研究，丰富和发展图书馆学的理论建设和学科建设，阅读推广服务发展很快，导致人们对阅读推广理论疆域的认识也在不断发展。阅读推广理论归为 3 大领域：阅读、阅读行为和阅读文化，阅读推广基础理论问题,阅读推广实践问题,同时,阅读推广理论可细分为10个领域:①图书馆阅读推广产生与发展的社会背景、技术背景与图书馆服务业态背景;②图书馆阅读推广给图书馆学基础理论和应用理论带来的新课题、新挑战;③图书馆阅读推广的内涵与外延,不同概念界定的梳理及其所属学术流派的甄别与分析;④阅读推广理论的内容框架与体系结构,阅读推广理论在图书馆学理论体系中的位置或逻辑定位;⑤图书馆核心价值与职业伦理对于阅读、阅读文化与阅读推广活动的指导、促进和自我约束功能分析;⑥图书馆阅读推广活动中的读者权利、普遍服务、公平服务及人性化服务理论问题分析;⑦阅读推广的过程管理,项目管理理论、策划和品牌营销理论等在图书馆服务中的新应用研究;⑧阅读推广的资源管理;⑨阅读推广给图书馆学教育和图书馆人力资源管理模式带来的问题和挑战;⑩阅读推广方法论研究:活动设计、策划与组织实施方法,服务绩效测评方法,活动总结与案例写作方法。结合以上思考,可以从基础理论、应用理论和对策研究三个方面,分析图书馆阅读推广理论拓展的方向。①

一、图书馆阅读推广基础理论

图书馆阅读推广基础理论是阅读推广理论与实践的基础,研究和解决图书馆阅读推广是什么、为什么等本体论、价值论问题,旨在明确图书馆阅读推广的历史方位、发展现状、基本概念、类型、属性、服务目标和价值定位,以及阅读推广的内容体系和理论架构。从当前国内外阅读推广发展现状看,阅读推广基础理论研究滞后于应用研究。图书馆阅读推广基础理论水平整体不高,在某种程度上已经成为阅读推广理论与实践发展的瓶颈,拓展图书馆阅读推广的理论疆域,首先要拓展阅读推广基础理论。当前图书馆阅读推广基础理论领域需要拓展的研究方向。

(一)阅读、全民阅读与图书馆阅读推广的关系

尽管在许多社会性的阅读推广活动中,阅读、全民阅读和阅读推广是不加以严格区分的,但图书馆学有理由对它们进行更严格的界定。阅读是个人行为读什么、如何读、读多少,都应该由公民自己选择,国家或社会倡导全民阅读意味着社会介入个人的阅读活动,这一活动的意义及法理依据

---

①姜进.“互联网+”时代公共图书馆阅读推广跨界融合服务发展范式研究[J].图书馆学刊,2016(12):66—70.

已得到诸多社会学、教育学理论的证明。图书馆阅读推广是图书馆提供的公益性阅读服务,是社会管理者动用公共资源开展的促进全民阅读、提升国民素质的公共服务。图书馆在开展阅读推广中如何既尊重公众的差异性的阅读行为,维护公民阅读权利,又能够对阅读行为进行有效促进,提升国民阅读率,在理论上和实践中还有许多问题需要研究。这一领域需要研究阅读、阅读行为与机理、社会阅读与全民阅读、阅读干预理论和图书馆阅读推广等命题所涉及的基础理论问题。

(二)阅读推广的基本概念、属性与特征

阅读推广是一个新的领域,它的基本概念需要讨论和界定。阅读推广基础理论的相关概念研究并非围绕某些名词术语进行学究式讨论,简单地根据阅读推广或 Reading Promotion 的字面含义推导定义,而是要深入研究国内外图书馆服务的理论与实践,围绕图书馆阅读推广的基本属性、特征、服务目标和目标人群的特征进行研究。从国际和各国的标准、指南、研究报告等主流文献看,阅读推广不仅和阅读相关,和素养(literacy)、学习(终身学习、非正式学习等)概念也存在密切联系;阅读推广活动作为指标,常用术语是活动(event)或推广活动(program),这一术语又和图书馆宣传推广、图书馆营销、外展(Outreach)等概念存在密切的关系。这为我们界定图书馆阅读推广提出了众多理论问题。

(三)图书馆阅读推广的法理基础

自 1850 年英国公共图书馆立法开始,经过一百多年图书馆立法研究和立法辩论,图书馆服务的法理基础已经变得十分清晰。这一法理基础大致可以表述为:公民信息权利需要保障,保障公民信息权利需要公共资源,运用公共资金保障公民信息权利是合法的:信息资源可以反复利用,图书馆收藏信息资源并提供利用,可使资源效益优化,用公共资金提供图书馆服务是合理的。但图书馆服务的这一合理性证明并不能现成用于对阅读推广的合理性证明。特别是那些依赖一次性资源的阅读推广,如使用消耗材料的手工制作,或活动中的奖品。因此,图书馆开展阅读推广,需要发展或重建图书馆服务的法理基础。

(四)图书馆阅读推广的服务目标

阅读推广的服务目标问题属于阅读推广的价值观问题,不同的价值观

将导致图书馆阅读推广朝着不同的方向行进,达到不同的目标。因而这一问题的研究对于图书馆设计与开展阅读推广至关重要,值得理论界深入研究、讨论。理论界早期曾将阅读推广目标定位于指导阅读,如倡导读好书、读经典,后来又有学人将阅读推广目标定位于让不爱阅读的人爱上阅读,让不会阅读的人学会阅读,让阅读有困难的人跨越阅读的障碍等,这一目标引起图书馆界的关注,也导致一些不同看法。阅读推广基础理论研究需要根据国内外阅读推广理论和实践的发展,进一步研究阅读推广的服务目标。同时针对不同地区、不同类型的图书馆,阅读推广的服务目标也应该有所区别。这需要理论上进行更加深入的研究。

（五）现代图书馆理念对阅读推广的指导与制约

阅读推广作为一种图书馆服务,应当受到图书馆行业公认的服务理念的指导。中国图书馆学会《图书馆服务宣言》表明中国图书馆人认同了现代图书馆理念,包括对全社会普遍开放的理念,公平服务与人性化服务的理念,专业性服务的理念,等等。图书馆阅读推广应当在这些理念的指导下进行活动设计、组织与实施。现代图书馆理念对图书馆阅读推广也产生某种制约,种种不符合现代图书馆理念的阅读推广已经受到理性的质疑。国际上流行的图书馆理念中有些与阅读推广实践有理念冲突,如知识自由和中立性服务理念主张图书馆服务不应介入读者的阅读行为而图书馆阅读推广一般却是介入式服务,这就需要图书馆学对理念冲突进行理性分析,提出符合我国图书馆阅读推广实践现状的新的理论。研究现代图书馆理念与图书馆阅读推广的关系成为阅读推广基础理论必须面对的课题。

（六）阅读推广的内容体系和理论架构

图书馆阅读推广正在迅速地成为当代图书馆的一项主流服务,阅读推广丰富的理论和实践已经发展到了将导致图书馆学理论体系的重建或改造的阶段。而重建图书馆学理论体系的第一步就是首先构建图书馆阅读推广的理论体系。图书馆阅读推广理论体系的建立取决于阅读推广活动的类型的确立。图书馆阅读推广是由许许多多活动形式构成,导致活动类型的分类困难。目前常见的分类有按服务的性质划分为荐书导读、故事会、绘本阅读、知识竞赛、表演、手工制作、讲座、展览、真人图书馆、图书漂流等;按目标人群划为亲子、儿童、青少年、大学生、成人、老年人、残障人士等阅读推广,按资源划分为纸质文献、数字文献、新媒体等阅读推广,按图书馆性质划分为公共图书馆、高校图书馆、中小学图书馆等阅读推广。明确阅读推广的类型对构建图书馆阅读推广的理论体系具有十分重要的意义,创建阅读推广的内容体系和理论架构更需要研究和创建阅读推广的概念体系、方法论体系、支撑性理论体系,依据学科构建的内在逻辑或基本原理,创建阅读推广的理论架构。

二、图书馆阅读推广应用理论

图书馆阅读推广的应用理论在图书馆阅读推广理论中占有十分重要的位置。过去10多年图书馆阅读推广的理论发展进程中,发展最快的领域就是阅读推广的应用理论。在现有阅读推广研究中占有绝对优势地位的阅读推广经验交流、阅读推广案例介绍和读者阅读需求调研分析,均属于应用理论的范畴。随着图书馆阅读推广理论和实践的发展,图书馆应用研究的疆域大大拓展,图书馆学研究者需要将应用研究从原有较为经验层面的、主要基于案例总结的研究,提升到可支撑图书馆阅读推广的规范化、制度化发展的研究。

(一)阅读推广的制度研究

图书馆阅读推广需要制度保障,按制度层级分,图书馆阅读推广制度可分为:①政府促进图书馆阅读推广的政策、法律法规、管理体制设计等;②行业管理部门或图书馆行业协会用于规范图书馆阅读推广的标准、指南、战略规划等;③图书馆或图书馆总分馆系统制定的阅读推广规章制度等。2018年以来,阅读推广制度化研究取得了一定进展,如李东来的阅读推广"法治化"思考,洪伟达、马海群的"阅读推广规范研究"都属于制度研究的范畴,图书馆阅读推广制度研究需要梳理各级政府或行业管理部门的政策思想,促进新的标准指南出台,建立与完善图书馆阅读推广的规章。这就需要对国内外阅读推广制度文献进行系统调研与分析,研究各个层面图书馆阅读推广制度化建设的理论问题,包括梳理图书馆阅读推广制度建设的目的、内容及要求,分析图书馆阅读推广制度建设的要素及特征,了解图书馆阅读推广制度建设的外部环境和作业基础。

(二)阅读推广的环境研究

图书馆阅读推广环境可分为空间环境和技术环境。就空间环境而言,尽管国内外不乏在原有文献阅览空间开展阅读推广的实例,但从服务机理上看,相对于以往文献服务的安静、稳定的环境特征,阅读推广服务有了更多的活动声响和人员流动。因此,图书馆阅读推广需要一个与以往文献信息服务完全不同的新的服务环境。当前国内外许多图书馆开展的"空间再造",重要动因之一是适用图书馆开展阅读推广服务。就技术环境而言,目前大量信息技术用于阅读推广,如利用微信、微博开展服务推送或荐书导读,利用视频、投影开展儿童或老年人阅读服务,利用朗读亭产品开展诵读活动等。但是,无论是空间环境还是技术环境研究,目前仍是自发的、经验的,缺乏系统的理论指导,例如,现在图书馆大多追求环境的舒适美观,而忽略了追求图书馆阅读推广环境促进阅读或激励阅读的机能。图书馆阅读推广环境研究应该建立应用理论,研究如何为不同的阅读推广场景选择或建立合适的空间与技术,提出适合特定图书馆阅读推广实践的阅读推广环境解决方案,为阅读推广服务环境建设提供理论基础。

（三）阅读推广的管理研究

图书馆阅读推广是一种活动化的服务,较之静态的借阅服务,阅读推广的成本较高,惠及人群较少（讲座、展览和广场活动例外）,服务过程甚至可能对其他读者的阅读行为产生干扰。活动化服务的种种特征使图书馆阅读推广管理无法沿用以往的图书馆管理理论,而是需要理论创新与拓展。传统图书馆管理的核心是人财物管理,如制定图书馆员和读者的行为规范,激励员工的服务热情、保证图书馆资源的合理使用,而图书馆阅读推广除了需要继续对人财物等服务资源进行管理外,还面临项目管理或流程管理的任务。对于图书馆阅读推广,每一场次的活动就是一个项目,这些项目往往始于创意和策划,通过品牌管理或服务营销吸引用户,获取服务资源,再通过活动的组织、实施,落实与开展活动,活动结束后,一般还需要进行活动总结与测评。阅读推广的管理研究需要在调研国内外图书馆阅读推广服务案例的基础上,探究图书馆阅读推广管理的最佳模式与最佳流程,对阅读推广项目的各种服务元素进行细致的研究,用阅读推广管理理论对阅读推广实践进行指导。

（四）阅读推广的服务研究

自20世纪90年代中后期起,国民阅读率下降引起人们的忧虑,倡导和推动全民阅读成为政府和知识界的共识。在此背景下,开展阅读推广的行业、机构团体有很多,在开展阅读推广的行业中,只有图书馆行业将阅读推广当成公益性的服务,或者当成自己的服务使命之一。尽管图书馆普遍开展阅读推广服务,但由于基础理论的滞后,图书馆界尚缺乏科学的理论对阅读推广进行指导。实践中,不少阅读推广活动脱离了推广阅读的轨道,不但有许多与阅读很少联系的活动项目,甚至有违背公平服务原则或不符合社会主义核心价值观的活动项目以阅读推广的名义进入图书馆服务。图书馆阅读推广理论需要对阅读推广服务活动进行研究与梳理,划分出完全符合图书馆服务使命的阅读推广、部分符合或适当改进即可纳入图书馆服务边界的阅读推广,以及完全超越图书馆服务边界的阅读推广,将图书馆阅读推广纳入图书馆专业性服务的轨道。

(五)阅读推广的评估研究

图书馆阅读推广已经成为图书馆服务的绩效指标。图书馆阅读推广的理论、制度、环境、管理与服务的成效如何,都取决于有一套科学方法和可用指标对阅读推广进行评价。国际标准化组织的众多标准,如《国家图书馆绩效指标》《国际图书馆统计》和《图书馆绩效指标》都在服务指标中定义了活动,以评价图书馆阅读推广。但这些指标都比较粗略,很难科学评价正在迅速发展的图书馆阅读推广活动。我国第六次公共图书馆定级评估的"阅读推广活动"指标有了很大进步,但仍存在需要解决的问题。

图书馆阅读推广研究需要调研国内外阅读推广评估理论,面向我国图书馆阅读推广的实践,构建图书馆阅读推广绩效评估机制,设计图书馆阅读推广绩效评估指标,并通过实验验证图书馆阅读推广绩效评估方案。阅读推广评估理论需要在图书馆阅读推广绩效评估理论、绩效评估方法、不同类型阅读推广的绩效评估等三个方向进行拓展。

三、图书馆阅读推广方法与对策研究

图书馆阅读推广理论研究的目标是解决图书馆阅读推广活动中的现实问题,这里说的现实问题的研究除了制度研究、环境研究、管理研究、服务研究与评估研究领域外,还需要依据图书馆阅读推广理论,研究阅读推广的典型问题或突出问题,进行阅读推广方法与对策研究,提出解决问题的对策或解决方案。这类研究包括提出对策构想或解决方案,开展对策应用实验,对对策应用结果进行测评,依据测评结果对阅读推广方法、对策或解决方案进行修正、定型。

这一领域没有固定的研究内容,而是需要根据阅读推广的实践,不断更新研究内容。目前可以进行的研究包括:

(一)推动图书馆阅读推广的标准化、均等化对策研究

党的十八届三中全会提出了促进基本公共文化服务标准化、均等化,明确了以标准化促进均等化的发展思路,这一思路对于公共图书馆和其他公益性图书馆开展阅读推广都具有指导意义,公平服务的原则是社会主义核心价值和图书馆核心价值对图书馆阅读推广的基本要求,图书馆阅读推广理应做到普遍均等服务。但由于图书馆阅读推广活动类型多样大多数活动的实施细则取决于活动组织者的理念与能力,这就很难保证活动的均等化。以标准化促进均等化的思路则要求图书馆通过确立阅读推广的基本制度为阅读推广的设计与实施提供基本思路,通过一系列具体的标准、指南或规定对图书馆阅读推广提供规范化的指导。

(二)图书馆阅读推广资源需求与建设方案研究

刘国钧提出的图书馆五要素中,有文献、馆员和建筑设备三项要素是服务资源,另外二项要素读者和方法也可看作广义的服务资源,图书馆阅读推广的主要类型对文献资源的需求远低于文献借阅服务,例如讲故事、竞赛、绘本制表演等需要的文献都极少。由于图书馆阅读推广对图书馆服务资源提出了新的需求,围绕阅读推广对服务资源进行重新定义和设计势在必行。阅读推广对策研究将对图书馆各类资源,特别是场地设施设备类资源,包括数字阅读资源,进行需求调研与分析,并提出解决资源问题的对策。

(三)图书馆服务创新的机制体制建设方案设计

很长一个时期里,图书馆服务被认为是极为缺乏创新的服务。进入21世纪以来,世界各国图书馆发展面临的挑战加剧,图书馆服务创新的力度也在加大。从服务形态的角度看,图书馆阅读推广是当代图书馆服务创新的一个重要组成部分。从图书馆阅读推广的运作机制看,创新或创意是阅读推广活动的起点,几乎任何一项优秀的阅读推广活动,都包含一个优秀的创意。目前,图书馆管理的体制与机制尚未完全适应阅读推广对于创

新创意的需求,图书馆阅读推广对策研究需要对服务创新机制进行研究,制定促进创新的对策,提出方案,促进图书馆的管理转型。

(四)社会力量参与图书馆阅读推广的必要性、可行性分析

引入社会力量参与公共文化服务是近年来国家一再强调的精神,这一精神也写入了《中华人民共和国公共文化服务保障法》和《中华人民共和国公共图书馆法》。与传统的图书馆文献服务相比,图书馆阅读推广的社会化程度高,需要社会各方的参与。因此,在图书馆阅读推广中引入社会力量的需求远远高于文献借阅服务。与图书馆借阅服务志愿者一般承担读者、书架管理等简单工作不同,阅读推广活动中,志愿者在故事会、科普、手工等需要特殊技能的活动中往往是活动的主体。图书馆阅读推广研究需要对引入社会力量的必要性和可行性进行对策研究,寻求与社会力量合作开展阅读推广活动的最佳模式。

(五)建立全面有效的阅读推广人制度研究

组建阅读推广人队伍是图书馆开展阅读推广的有效方式,2012年深圳市开始阅读推广人培训,2014年中国图书馆学会开始阅读推广人培育行动,2016年上海市组织"百名阅读推广人(组织)"评选活动。在《全民阅读促进条例(征求意见稿)》等文件中,都提出了建立阅读推广人队伍问题。阅读推广人队伍建设是从"自封"、自发、没有管理的状况发展而来,如何梳理、引导与管理阅读推广人成为图书馆阅读推广一个重要问题。这个问题的最佳解决方案就是建立阅读推广制度,包括建立多层次、多模式的阅读推广人培训制度、认证制度、管理、激励与评估制度等。

第五章 不同类型图书馆的阅读推广方法

第一节 高校图书馆阅读推广方法

高校图书馆是高等学校教育的重要组成部分,是培养国家人才的根据地,是学生开启知识财富的钥匙。高校图书馆阅读推广是全民阅读推广的重要组成部分,高校图书馆开展阅读推广活动,不仅可以充分发挥图书馆育德、育才的作用,还可以培养读者的信息素养,充分获取利用图书馆文献信息资源。

此外,高校图书馆作为高校师生学习知识的主要场所,应担负着阅读推广的主要责任,图书馆要以"培养人才、提高素质"为宗旨,广泛开展阅读推广活动,倡导"多读书、读好书、读书好",促进读者文化素质的全面提高。

总的来说,高校图书馆阅读推广是指高校图书馆采取有效的措施引导读者重视阅读,有针对性地开展阅读推广活动,根据高校读者的类型和需求特点,培养坚持读书、用心读书的阅读习惯,提高阅读的质量、数量和阅读能力,对读者的成长和成才起到重要的意义。

一、我国高校图书馆阅读推广的发展趋势和重要性

阅读推广是指通过推广手段使更多的人参加到阅读活动中,使每一位具有阅读能力的个人建立起阅读意识,从而使阅读成为人们日常生活中的重要组成部分,为全民素质的综合提升提供切实有力的保障。我国已进入大力开展阅读活动并向全社会主动推送图书馆服务的新时期,图书馆的阅读推广工作,在某种程度上是历史的必然,是图书馆发展的大趋势。国际、国内和业界目前的动态都表明,阅读推广作为一种发展潮流势不可挡。联合国教科文组织在1995年确立了"世界阅读日";党的十八大报告

明确提出"开展全民阅读活动";习近平总书记近来多次提出"爱读书,读好书,善读书",提出创建"学习型人生";图书馆界更是如此,2013年图书馆年会主题就是"阅读引领未来",体现了业界的高度认同,作为图书馆家族中最为活跃的高校图书馆则更是如此。①

高校阅读推广的重要性主要体现在学生阅读权力保障、提高学生素质需要、图书馆职能发挥以及学习型社会构建等方面。阅读推广活动的开展可以使更多高校师生树立起自主阅读学习的意识,这也可以极大地促进我国高校师生综合素质的提升,从而推动高校教学科研的发展。在当代国际社会的发展中,公民综合素养是民族素质的重要体现,而高校教育作为公民素质的有力保障,必须保证阅读推广工作的有效落实。

阅读推广工作的重要性还体现在图书馆职能发挥与学习型校园环境的构建中。图书馆作为保存教学资料以及文化遗产的重要场所,是实现校园知识传承与发展的根基。在科学技术迅猛发展的宏观背景下,全校师生阅读活动的开展至关重要。进一步促进高校师生文化素养的提升,需要利用阅读推广活动不断丰富其知识储备,提升其综合素质。

二、我国高校图书馆阅读服务状况的变化分析

从图书馆服务模式上看,经历了三个不同的阶段:一是文献服务,即传统的图书馆服务,如外借、阅览;二是信息服务,如参考咨询、信息检索、信息推送等;三是阅读推广,表现为开展多种多样的活动,将文献服务和信息服务送达到读者身边。阅读推广可以说是集文献服务和信息服务之大成。下面我们就当前高校图书馆阅读状况的变化进行具体分析:

(一)高校图书馆读者到馆借阅数量逐渐减少

随着网络时代的日新月异,数字阅读的兴盛以及图书馆传统服务方式和内容上的单调陈旧、缺乏吸引力,导致读者数量逐渐下降。据有关数据显示,与2010年相比,2012年全球高校图书馆读者的实际访问量降低了约15.7%,学生对图书馆文献信息的访问量也降低了21%左右,由此可见,在计算机网络及数字化技术迅速发展,数字阅读日益便捷的今天,更多学生选择利用计算机、手机、IPad、MP3、MP4等移动设备进行数字化阅读,而图

---

① 戴玉凤. 高校图书馆的读书节活动与阅读推广工作[J]. 图书馆杂志,2015,34(10):40-43.

书馆由于图书购置经费不足和设备陈旧,也逐渐丧失了对学生的吸引力,加之图书借还制度的约束,更是使越来越多的学生选择数字阅读这一更为便捷的阅读方式。

(二)高校图书馆服务方式发生转变

这些年图书馆的服务方式也发生了转变,多数高校图书馆引入了自动化集成管理系统,配置了电子报刊阅读器,自助借还书系统等,很多高校还开通了图书馆网上服务、移动图书馆服务功能,为学生提供了更为便捷的服务。图书馆还加强对电子资源的采购,电子图书、电子期刊和报纸读物数据库等的引进,也在很大程度上促进了高校图书馆数字化的发展及服务方式的相应转型。此外,随着对阅读推广重视程度的增加,国家还进一步加大了对高校图书馆的建设支持力度,相关政策的鼓励与资金的支持,都在很大程度上促进了当代高校图书馆服务方式的转变。

(三)阅读推广模式的逐渐丰富

在数字化技术的发展背景下,人们获取信息的方式发生了很大变化,阅读推广模式也日渐丰富起来。高校师生是接受新技术新观念最快的群体,因此这也为高校阅读活动的推广与发展提供了更大的推动力。在阅读推广模式中,除常规的书目导读、专题图书推荐之外,新媒体推广模式最为普遍,微博、播客及其他社交网络等更多地进入了高校师生的日常生活,为了适应这种变化,高校图书馆也开始利用社会性网络进行阅读推广,例如清华大学在人人网网站上成立了图书馆书友会和图书馆俱乐部等。移动图书馆推广也是阅读推广模式的重要组成。随着计算机与手机、IPad等移动终端设备在高校的日渐普及,更多师生可以通过网络了解图书馆的公告信息,访问本校图书馆资源。图书馆书籍内容以数字化形式传播,不仅打破了传统图书馆借阅方式的束缚,也有效地实现了资源扩充,极大地促进了高校图书馆现代化阅读推广活动的开展。随着数字阅读相关技术的普及和各类应用软件的普遍开展,更多更好的阅读推广模式将会不断呈现。

三、阅读推广中高校图书馆的角色定位

"融合趋势"或是"综合发展趋势"(Development of Metropolitan Libraries)是今后图书馆发展的主流。今后图书馆不会再按照老模式运作,满足

于每日借还、看摊守点,必须全方位、多方面地开展工作,不断改进和完善图书馆服务。通过多种多样的阅读推广活动,将来图书馆有望实现这样的职能:图书馆既是图书馆,又是信息资源集散地,还是学校、展览馆、文化讲坛、影视观摩厅、新书推介中心、学术交流场所、新技术体验中心……这样,才能丰富和拓展图书馆的服务内容,提升和强化图书馆的服务品质,增强和扩大图书馆的服务影响。

那么,在新形势下,高校图书馆如何找准其角色,通过阅读推广发挥其应有的社会功用呢? 从上述分析,笔者认为,应从以下几个方面为切入点:

(一)图书馆是阅读推广活动的引导与组织者

高校图书馆作为校园知识服务与共享的重要场所,其文献资源的专业性与权威性决定其在高校阅读推广中的组织与引导角色。为了使高校图书馆阅读推广活动的开展能够吸引更多师生,图书馆可以针对教研资料开展深层次的阅读推广活动。以新加坡南洋理工大学图书馆的阅读推广活动为例,该大学在图书馆成立后,为了吸引更多师生加入图书馆阅读活动中,于2008年启动了教学科研资料阅读推广活动。在这一活动的落实与开展中,南洋理工大学提供了学科屋和学科图书馆博客等服务。学科屋是以博客平台为基础构建的学科导航系统,在这一虚拟导航系统中,学科屋将与学科相关的图书馆文献资源、数据库资源等进行整合,从而使师生在检索文献资料的过程中,可以获得更多相关数据资料和信息。学科图书馆博客的建立则是以新资料推荐为目的,通过在虚拟图书馆中向师生推荐科学、工程及商业等相关专业的图书、视频等资料,从而使在校师生能够更多地掌握校园教研资料的更新状态,并对自身的知识构架进行及时更新。南洋理工大学图书馆为师生提供的学科屋与学科图书馆博客等一站式阅读服务,吸引了更多师生加入学校教研资料的阅读与分析中,不仅有效实现了当代高校图书馆阅读推广目的,也极大地促进了高校图书馆馆藏资料的整合与更新,为高校图书馆的现代化发展提供了长久的推动力。

(二)图书馆应成为阅读服务平台

在阅读推广活动的角色定位中,高校图书馆还要强调提升自身的服务职能,通过对阅读服务机制和管理措施进行完善,从而向在校师生提供更为完善的阅读服务。就美国哈佛大学图书馆的阅读服务进行分析,哈佛大学图书馆于2011年8月29日开通了借阅直通式服务,在这一阅读服务中,全校的教师、学生乃至员工都可以在哥伦比亚大学、宾夕法尼亚大学、康奈尔大学以及耶鲁大学等大学图书馆借阅到哈佛大学图书馆借不到的流通文献。哈佛大学这一直通式借阅服务,满足了更多教师与学生的借阅需求,在实现了馆藏文献扩充的同时,也吸纳了更多的师生参与到阅读推广活动中。哈佛大学图书馆阅读在服务平台建立中还配设了专门的研究馆员,研究馆员在读者出现借阅疑问时可以进行一对一的咨询服务,通过与借阅的教师或学生进行交流和磋商,研究馆员能够切实协助借阅者找到所需要的文献资料。此外,哈佛大学还启动了在线阅读计划和开放馆藏计划,保证图书馆能够无条件为全校师生提供全文服务。这一阅读推广活动的开展,为大学校园师生构建起了更为广阔的服务平台。通过将阅读服务扩展到图书馆借阅的每个环节中,也使得校园中的更多师生愿意主动加入阅读活动中,进而实现阅读推广的目标。同时,也实现了彰显图书馆的效益,突出图书馆的利用率,塑造图书馆良好的公共形象之目的。

(三)图书馆是推广阅读的具体实施者

要落实高校图书馆阅读推广工作,首先要建立起阅读推广的长效发展机制,在教育部图书馆规程指导下,高校还应将图书馆阅读推广活动举办及管理机制融入到校园建设与管理的相关文件和条例中,从而利用校园管理法规和条例,对图书馆阅读推广活动的开展进行正确的约束与引导。为了使图书馆阅读活动获得更为有力的保障,高校还可以建立阅读基金会,并通过寻求合作团体为阅读推广活动提供稳定的志愿者和资金等支持,这不仅有助于提高高校图书馆的知名度,还可以进一步壮大阅读基金会,促使更多人加入阅读推广的活动中。为了使高校图书馆的阅读推广活动能够常办常新,高校还可以借助掌上阅读,书香套餐以及专题讲座等多样化活动激发师生的参与热情,并结合推广工作创新,引领和培养高校师生的阅读趣味,丰富其阅读体验。

进入网络化、数字化时代后,图书馆独特的、不可替代的教育及信息职能应该更加强化,以适应时代的需求。尤其是现代高校图书馆收藏和提供各种各样的中外文纸质书刊及数据库,为我们提供了丰富实用的纸质资源和数字资源,这是实用和具专业价值的信息资源。但遗憾的是,现在图书馆资源利用率普遍偏低,许多人不知道、不会用或不善于利用图书馆的数字资源,这既说明我国社会的现代化水平还不够高,也说明图书馆缺乏有效的宣传、推介、培训。所以,图书馆阅读推广工作的开展仍有巨大的发展空间。在科学技术迅速发展的宏观背景下,为了实现全民阅读,使阅读成为人们生活的一部分,图书馆还要在对自身进行明确定位的同时,更多地利用现代网络技术,数字技术,不断强化及完善管理与服务机制,从而更为有效地激发公众的阅读热情,为阅读推动最终目标的实现提供切实有力的保障。

第二节 公共图书馆阅读推广方法

公共图书馆作为本地文献信息资源的收藏中心,应在开展全民阅读中采取各种措施,引导国民阅读方向,全方位满足市民的文化需求,以提高全民的思想道德素质和科学文化素质,并大力推动全社会的阅读,同时提升整个城市的文化品位。

一、公共图书馆是阅读推广的主体

无论阅读的形式、形态如何变化,图书馆尤其是公共图书馆,依然是阅读推广的主体。在人类文明史上,图书馆的历史虽然悠久,但古代图书馆和我们今天意义上的现代图书馆,是有很大差异的。其中,公共图书馆及其理念的出现,是重大的标志。真正意义上的公共图书馆,只能出现于现代社会,是社会发展到一定阶段的产物,是社会民主、公民权利、社会平等和信息公正等现代人文意识成熟的结果。学界普遍认为,1852年建立的英国曼彻斯特公共图书馆,是世界上首座现代意义上的公共图书馆,它的问世是公共图书馆诞生的标志。曼彻斯特公共图书馆所创建的依据政府立法建立、公费支持、免费服务,以及社会成员无区别服务等理念,均为公共图书馆经典理论和基本精神内核。在我国,公共图书馆发端于20世纪初,是学习效法西方图书馆的结果,其标志是1902年建立的浙江绍兴古越藏书楼和20世纪初陆续创建的各省官办图书馆(藏书楼)。①

二、公共图书馆的基本精神

现代公共图书馆的基本精神主要体现在1949年联合国教科文组织发布的《公共图书馆宣言》之中。《公共图书馆宣言》表达了世界文化知识界和图书馆界对公共图书馆的基本立场,概括起来,重点向世人证明了以下三个观念。

(1)公共图书馆是现代民主政治的产物,也是民主制度的保障和民主信念的典范。

(2)要立法保障公共图书馆事业的发展,完全或主要由公费支持。

(3)对社区所有成员实行平等的服务,全部免费开放。

《公共图书馆宣言》在1972年和1994年又做了两次修订,内容虽然有所补充订正,但其主要精神是一以贯之的。现在通行的为1994年版,其正式名称为"国际图联/联合国教科文组织:公共图书馆宣言(1994)"。

公共图书馆的核心是人文关怀的精神。具体说来,就是开放、平等、免费、政府创建、公费支持。这是曼彻斯特公共图书馆的首倡,也是《公共图书馆宣言》的基本原则。一个图书馆如果具备了这些特征,就可以称之为现代意义上的公共图书馆了。反之,则不是现代公共图书馆,或者说不是合格的公共图书馆。现代社会中,人文关怀、人本主义、以人为核心的民主社会价值观,在现代公共图书馆中可以得到充分的体现,读书人在此可以不受阻碍地汲取知识、健康成长。正是基于这种认识,有研究者提出:"从社会的角度看,其他类型的图书馆只是一种社会机构,而公共图书馆不仅是一种社会机构,还是一种社会制度。"这就是说,在文献采编、藏书组织和服务方式等图书馆业务方面,公共图书馆和与大学图书馆、研究图书馆等没有太大的差别。但公共图书馆的存在,使每一个社会成员具备了自由、平等、免费地获取和利用知识信息的权利,代表了知识信息的公平分配,从而维护了社会的民主和公正。公共图书馆存在的意义,超过了图书馆机构的本身,有着无可替代的历史使命和社会责任,向全社会宣示了现代民主、公民权利和人人平等的重要价值观念。因此,在当今社会,公共图书馆是社会阅读的主体,也是阅读推广的主要场所。

---

①陈宗雁. 新媒体环境下公共图书馆阅读推广活动的研究[M]. 中国商务出版社,2019.

三、公共图书馆阅读推广的主要方式

（一）传统阅读推广方式

1.通过流动图书馆开展阅读推广

公共图书馆一般坐落于人口较为密集的市区,对于偏远地方和特殊群体聚集地的人们而言,不是每个人都可以享受到馆内服务。为了能够解决偏远地区和特殊群体聚集地的读者对于知识的渴望的问题,流动图书馆成为公共图书馆基层服务工作的发展趋势。图书馆会按照特定群体的需求在流动图书馆配置相应的图书。走进农村服务时,流动图书馆在服务内容上,要按照当地经济结构的特点,有针对性、引导性地提供服务。走进中小学校时,流动图书馆应当以青少年健康成长与课外阅读为主要方向进行书籍调配。首都图书馆从2003年开始,每天都发出流动图书车,监狱是其服务的重点对象,而偏远山区的配发车主要由下面的区县馆来完成。汽车图书馆拓宽了公共图书馆服务的覆盖面,满足了基层不同群体的阅读需求并有效地提高了馆藏图书资源流通率。

2.通过阅读相关公益培训开展阅读推广

在网络信息化高速发展的浪潮中,人们对于使用网络阅读和手机阅读的频率越来越高,但需要注意的是,使用新的网络阅读方式的读者多为对新事物接受能力较强的青年人,但社会中仍有许多中老年人并不习惯新的信息技术带来的阅读方式的改变。基于此,阅读相关公益培训引起了公共图书馆的重视,全国已有20家公共图书馆开展了各类阅读相关公益培训,旨在帮助弱势群体平等享受阅读权利。

在经济发展水平较低的中西部地区,这种现象更为严重。贵州省图书馆在世界读书日来临之际,面向希望学习信息技术使用方法的老年人开办了老年电脑知识公益培训班,培训的内容主要包括计算机和智能手机的操作、浏览网页、使用微信等实用性的网络信息知识。活动的开展得到了老年读者们的广泛关注和积极参与。省级公共图书馆应当秉承公平的阅读理念,使人人都能平等享受阅读推广服务,提高人们的阅读能力和知识水平。

3.通过主题活动开展阅读推广

主题活动是公共图书馆最常见的阅读推广方式之一。我国31家公共图书馆已全部通过主题活动形式来开展阅读推广。每年的世界读书日、中秋节、端午节等节日来临之际,公共图书馆就会结合节日的契机,运用馆内的相关设备和人力资源开展不同形式的主题活动。主题活动中常见的形式有主题讲座、主题展览、公益活动、征文比赛等。安徽省图书馆为了增强公众文化遗产保护意识,在"图书馆周"期间邀请了专家介绍本省非物质文化遗产项目,开放展览馆藏的第一批入选国家级的51部珍贵古籍,展示了江淮大地悠久的历史文化,并开展了免费鉴定古籍等相关主题活动,使读者感受到传统文化的魅力所在。公共图书馆在馆内开展主题活动,通过主题环境的布置和现场的氛围,使参与者感受到主题阅读推广活动的感染力,同时可以在网络平台进行线上的活动预告和宣传,吸引读者到馆参与阅读推广活动。

4.通过图书推介开展阅读推广

图书推介是公共图书馆持续性开展的一种阅读推广方式。公共图书馆对图书推介方式的利用率高达100%,不论是在馆内宣传还是在互联网平台上,公共图书馆通常都从馆藏图书和新书两个方面进行图书推介。馆藏图书推介是公共图书馆将特定的馆藏图书资源按照主题分类后,满足不同读者相应的阅读需求。新书推介是公共图书馆把新书整理分类后,通过线上或者线下的宣传形式,列出新书的书名、文摘、书评等内容向读者进行阅读推荐,使读者产生阅读兴趣。如福建省图书馆在中文科技图书阅览室设立了主题书架,推出了青少年阅读经典、中国共产党成立100周年等专题图书推荐;在外借室设立了新书专架,方便读者查找到馆新书;图书馆楼前广场宣传栏内设有图书推荐专栏,馆员通过图书简介向读者推荐当前馆内借阅的热门图书。各公共图书馆的网页上大多都设置了图书推荐专栏,为读者阅读图书提供参考。

(二)新兴阅读推广方式

1.通过微博开展阅读推广

(1)公共图书馆微博开通情况

微博作为一种新兴的网络传播工具,以其信息内容发布的个性化、信息传播的交互性和及时性、信息获取的自主性和选择性等特征,已越来越广泛地影响到社会生活的各个方面。公共图书馆在网络用户急剧增加的趋势下,纷纷将微博作为自身阅读推广活动信息发布的快捷平台。它已成为读者了解图书馆、获取图书馆信息资源的重要渠道。

（2）公共图书馆微博阅读推广服务情况

对公共图书馆的微博内容进行分析后，归纳出我国公共图书馆的微博发文内容主要有以下三个方面：①通知公告。如发布讲座和展览活动通知、图书馆节假日开放时间等，以便读者及时到馆自主学习和参与活动。②图书推荐。公共图书馆的微博大多设置了图书推荐、文摘、新书导读等专题，向读者介绍图书的基本内容并附上图书封面，推荐读者阅读。除此以外，一些公共图书馆还利用书摘加图片的形式吸引读者阅读，如上海图书馆的"晨读上图"、重庆图书馆的"晚安心语"、黑龙江省图书馆的"龙图早安"等专题。③活动资讯。许多公共图书馆在开展活动后，都会在微博上发布活动的具体内容以及活动现场照片。如福建省图书馆正谊书院的国学文化推广、首都图书馆的首都讲坛等。一些公共图书馆还会转发当地其他图书馆的活动资讯，如新疆图书馆、浙江图书馆、安徽省图书馆等。对带有活动现场照片和介绍的资讯，容易让读者身临其境，吸引读者关注和参加今后图书馆举办的推广活动。

公共图书馆还有各自独特的微博推广内容和形式。上海市图书馆通过"上图科普"专题向读者推广科普知识的各类图书；南京图书馆、黑龙江省图书馆、安徽省图书馆设置了"历史上的今天"专题，图文并茂地介绍了历史上各个日期的重要事件和人物；内蒙古自治区图书馆在官方微博上推广馆内推出的特色"彩云服务"，读者可以在书店直接下单借书；宁夏图书馆的"服务推介"专题让读者更加全面地了解和利用图书馆推出的各项服务；吉林省图书馆将每天的热门搜索图书书名放入"今日热门检索"，使读者了解当前的热门图书；南京图书馆将推广的文摘按照内容分为"名言""国学""诗词"等类别，读者更容易找到自己感兴趣的专题进行阅读；安徽省图书馆在"语文课"中列举出各种易读错音的字，帮助读者纠正错误发音，学好汉语。

通过对公共图书馆微博阅读推广服务情况的分析，可以看出当前我国除个别公共图书馆外，已开通微博的各公共图书馆都在微博上自主进行了各种形式的阅读推广，主要形式为活动预告、图书推荐、文摘等，但各公共图书馆受用户关注的程度和微博阅读推广内容的多样性差异较大。

2.通过微信公众平台开展阅读推广

（1）公共图书馆微信公众平台开通情况

微信作为另一个广泛应用的社交网络平台，公共图书馆微信公众平台的应用虽然晚于微博，但发展势头迅猛。服务号和订阅号是微信公众平台的两种账号类型。服务号每个月仅能发送四条群发消息但发给用户的消息有即时信息提醒并会显示在用户的聊天列表中。订阅号每天都能发送一条群发消息，但消息没有即时提醒并仅显示在用户的订阅号文件夹中。

（2）公共图书馆微信公众平台阅读推广服务情况

公共图书馆阅读推广的效果在传统阅读推广方式中通常较难展开评估与分析，而微信公众平台中的数据可以在一定程度上反映出公共图书馆阅读推广工作的效果。

除了公共图书馆主动向读者推送阅读推广信息外，读者也可以在图书馆微信公众平台的自定义菜单中自主获取阅读推广相关信息。目前仅有少数几个公共图书馆设立了专门的阅读推广菜单栏，如湖南省图书馆设置了"阅读推荐"栏目，并分为电子书云阅读、热门书在线读、重要书单推荐、儿童推荐书目、中学基础书目类目，方便读者查找，以满足不同阅读推广对象的阅读需求。大部分公共图书馆将阅读推广资源分散在不同的菜单栏中，如将新书通报设置在"微服务"菜单栏，在"数字资源"栏目下设在线阅读类目等，难以吸引读者的注意。

目前，我国公共图书馆已经全部开通微信公众平台，并且其中绝大部分图书馆都利用了微信公众平台持续性地推送阅读推广相关信息，阅读推广内容较为多样化，主要为阅读推广活动预告、图书推荐、馆藏资源推荐等。然而鲜有公共图书馆在自定义菜单栏中设置阅读推广专栏，使用户查找资源的便利性有所欠缺。各个馆推送文章的平均阅读数差异很大，一定程度上反映了各公共图书馆微信公众平台阅读推广的效果存在差异。

3.通过图书馆官方网站开展阅读推广

在我国31家省级公共图书馆的官方网站中，除西藏图书馆无法找到门户网站外，其他30家公共图书馆的官方网站均可正常访问。通过对我国省级公共图书馆网页的阅读推广方式调查，可将其阅读推广服务方式归纳为以下四类：

（1）在图书馆网站主页的各模块栏目中进行宣传

这是目前应用最为广泛的一种方式。30家省级公共图书馆网站均在栏目中加入了阅读推广相关信息。各公共图书馆通常在主页设置通知公告、阅读推荐、活动安排、数字资源等栏目，读者可在首页直接看到最新的阅读推广活动、图书推荐、数字资源等各类信息，一些公共图书馆还对模块信息做进一步的分类，如湖南省图书馆将首页的数字资源细分为图书、期刊、视频点评和有声读物四个类型；内蒙古图书馆将阅读推荐模块分为最新上架、专家推荐、读者推荐以及借阅排行，更方便读者根据分类寻找所需资源；首都图书馆和浙江图书馆将活动安排以日历的形式展现，当鼠标停在指定日期时，网页会显示对应日期馆内举办的所有活动，使读者更直观地了解馆内每日的活动安排。在首页的模块栏目进行阅读推广的宣传，方便读者直接找到相应的信息，但仍存在一定的问题。当图书馆网站首页模块过多的时候，读者往往很难在繁多的信息中注意到阅读推广的信息，阅读推广的效果自然也会受到影响。

（2）在图书馆网站设置阅读推广相应栏目

目前我国大部分省级公共图书馆未设置阅读推广专门栏目，应用并不普遍。仅陕西省图书馆和宁夏图书馆设置了阅读推广专门栏目，阅读推广栏目中细分为讲座、资源、图书推荐等专题，阅读推广专门栏目的设置将各类阅读推广信息集中在一起，此种方式效果较好，便于读者全面地了解本馆的阅读推广资源。一些公共图书馆将阅读推广相关服务设置为一级栏目，如天津图书馆的图书推荐栏目、南京图书馆的南京读书节栏目等，这些图书馆通常将热门的活动和资源设置为一级栏目。另一些图书馆网页设置新闻动态、馆藏资源、读者园地、特色服务等一级栏目，阅读推广信息则分别散布在此类栏目中，如辽宁省图书馆在读者园地栏目下设置了在线展厅、辽图讲座、活动预告等二级栏目；湖北省图书馆在服务栏目中添加了新书推荐、在线展览、借阅排行等栏目，读者阅览网页时，需要在访问多个一级栏目的过程中知晓阅读推广信息，此种阅读推广方式传播广度较低。

（3）图书馆网站首页的图片轮播形式

动态图片容易吸引读者的注意力，有利于图书馆进行阅读推广信息传播。目前我国31家省级公共图书馆中，有10家公共图书馆采用了图片轮播进行阅读推广。这些图书馆中大部分仅将阅读推广活动照片滚动播放，让读者了解馆内阅读推广活动动态,如上海图书馆、贵州省图书馆、青海省图书馆等。而首都图书馆、浙江图书馆、广东省立中山图书馆则在图片轮播中加入了服务推介,宣传了馆内的最新阅读推广服务。

(4)图书馆网站内设置相关服务链接

除四川省图书馆、湖北省图书馆以外,我国28家省级公共图书馆都在网站内提供了阅读推广的相关网页链接。重庆图书馆、河南省图书馆、广西图书馆等大部分图书馆都在网站首页以图片或是友情链接专栏的形式提供了各地区图书馆、地方报刊、免费数据库、政府公开信息平台等网页链接,以满足不同读者的阅读需求。甘肃省图书馆、新疆图书馆、安徽省图书馆等设置了文化共享工程一级栏目,分享了省内的各类地方特色资源、名家讲坛等数字资源。

4.通过24小时自助图书馆开展阅读推广

随着网络信息时代的发展,将便捷性和即时性集于一身的数字阅读和移动阅读应运而生,为读者提供了不受时间和地点限制的阅读体验。然而在读者群体中仍然存在着相当一部分喜欢阅读纸质书籍的读者,这对固定开放时间和场所的公共图书馆传统阅读方式提出了挑战。24小时自助图书馆是利用智能化设备及RFID来实现办证、查询、预约、借书、还书、续借、缴纳逾期费等服务功能的新型图书馆。读者可以利用街区的24小时自助图书馆就近借阅和归还图书。阅读的便利性能够激发读者的阅读兴趣,同时也增加了图书馆馆藏图书资源的利用率。

在我国省级公共图书馆中,24小时自助图书馆的应用并不普遍,目前仅有首都图书馆等8家公共图书馆配备了24小时自助图书馆进行阅读推广,如内蒙古图书馆在其楼前广场设立的两处24小时自助图书馆共有1000多本图书供读者挑选,读者可在其中任意挑选两本图书借阅。不仅如此,内蒙古图书馆还提供了24小时自助图书馆的配套设施,在楼前广场设置了24小时汽车还书口,方便开车的读者归还图书;24小时自助图书馆里还配置了阅览座椅,为需要的读者提供全天候的阅读服务。24小时自助图书馆通过智能化的技术设备,打破了公共图书馆在时间和空间上的限制,在图书馆经费保障的基础上有不断发展的趋势。

5.通过读者荐购开展阅读推广

读者荐购模式是国内图书馆基于读者决策采购模式,根据我国国情和馆情发展而来的一种读者参与馆藏建设的文献资源建设模式。目前我国已有12家公共图书馆通过读者荐购来开展阅读推广,主要方式为网页表单填写、E-mail或电话荐购、与书店合作荐购等。为了满足广大读者的个性化阅读需求、提高馆藏图书资源利用率、使读者由文献资源的接受者转变为文献资源建设的决策者。以内蒙古图书馆为例,其从2014年5月起推出了"彩云服务",持有读者证的读者,可以根据馆内规定的馆藏购书范围、借阅制度等,在内蒙古自治区的新华书店等实体书店挑选图书,并且在书店办理借阅手续后即可借阅所需图书,无须支付任何费用。

公共图书馆开展的读者荐购活动,能够使馆内图书资源满足读者的个性化阅读需求,充分体现出其以读者需求为中心的馆藏建设理念。这是图书馆资源建设的一种重要建设模式。读者荐购模式协助读者提高了获取文献资源的效率,充分体现了图书馆为读者服务的职能。读者荐购能突破馆员知识的局限性,根据读者的需求合理地调整馆藏文献结构、丰富馆藏资源并提高图书馆藏的文献资源流通率。但读者荐购的图书资源可能会偏离图书馆馆藏发展计划,在资金有限的情况下让省级公共图书馆采购过多数量的非核心图书。因此读者荐购模式所占比例不宜过大,要根据公共图书馆的整体建设目标来确定其所占比例。

四、公共图书馆阅读推广策略

(一)培养阅读推广专业人才

图书馆资格认证制度的缺乏造成了馆员的素质参差不齐。图书馆系统不高的工资待遇很难吸引到高素质和高学历的人才。这些原因使得公共图书馆目前缺乏阅读推广的专业人才,这在一定程度上影响了阅读推广工作的有效开展。为了提高公共图书馆工作人员的阅读推广专业技能,可以考虑从以下两个方面入手:

第一,在阅读推广相关部门中可以尝试学科化的阅读推广服务模式。具体而言,图书馆需要在阅读推广部门中根据不同的主题内容设立阅读推广小组,再在小组中配备相应的学科馆员,并建立起有效的激励和反馈机制。这种做法一方面能够促进馆员对各自主题专业化知识的提升,另一方面不同层次的主题内容也能区分出不同的读者群体。有效的反馈机制加强了读者和学科馆员之间的互动,使馆员能不断改进阅读推广工作,从而形成阅读推广的良性循环。

第二，引入国际通用的质量体系认证管理制度，以国际标准对公共图书馆的阅读推广服务水平进行评估。质量体系认证在企业中通常发挥着降低财务风险、维持管理稳定性以及明确人员职能的作用。公共图书馆引入质量体系认证管理制度并不是为了获取经济利益，而是希望采用科学的评估考核方式使馆员明确自己在阅读推广服务中的岗位职责，提高阅读推广工作人员的工作效果，从而推动阅读推广服务的有效开展。

（二）建立科学完善的绩效评估机制

《公共图书馆服务发展指南》指出："图书馆应当定期评估其推广和宣传工作，并确保评估的结果能够成为未来项目规划的参考依据。"因此，图书馆学界有必要建立一个科学的综合评价体系，包括合理的内外部评价机制，使其能够从整体和全面的角度来评价阅读推广活动的效果，使公共图书馆能够在评价中不断改进和积累经验。

第一，对内部而言，公共图书馆可以将阅读推广评价人员集中起来，成立一个专门的评估小组，小组成员要对阅读推广目的、过程和影响等各方面进行评估。在阅读推广活动开始之前，公共图书馆应当详细调查阅读推广的对象、内容等，以确保阅读推广方式实施过程能够顺利进行，使图书馆采用的阅读推广方式不仅能够满足各类读者群体需求，并且能够尽量节约馆内的人力资源和控制活动成本。

第二，外部评价机制是对内部评价的必要补充。外部评价机制的主体包括业内专家与读者两个方面。一方面公共图书馆可以发出号召，组织业内的专家对本馆实施的阅读推广方式进行讨论和评价，另一方面公共图书馆需要收集活动参与者的意见和建议，了解他们的实际体验，根据读者的反馈对阅读推广方式进行后续调整和改进。此外，公共图书馆要把经过科学权威的评估后的阅读推广项目得出的评估结果进行公示，通过真实有效的数据让群众感受到阅读推广对个人的工作和学习等方面的重要性，从而鼓励社会公众积极参与阅读推广活动。

（三）加强多方合作与交流

公共图书馆在负责组织和引导阅读推广工作的过程中，不可避免地需要资金与人力资源的投入。由于图书馆自身的资源存在局限性，因此，其可以尝试与其他社会主体开展合作以进行资源整合和信息的有效沟通。

第一,积极与政府、企业、社会民间团体等合作以整合资源、募集资金和寻求支持。与此同时,公共图书馆可以招募阅读推广的专业志愿者,组建一个将图书馆与社会力量相结合的阅读推广服务团队,通过社会的影响力来扩大阅读推广服务的覆盖范围。充足的财力和人力资源能够给公共图书馆的阅读推广方式带来更多的可能性,从而推动活动更有效地开展。

第二,与各层次图书馆进行信息流通,以形成更全面的阅读推广服务网络。各级公共图书馆可以相互借鉴彼此阅读推广的成功经验和教训,争取从国家图书馆到基层图书馆之间能够形成联系紧密、层级分明、有效传递信息的阅读服务网络,使得馆内阅读推广活动顺利开展。各层次图书馆之间的有效合作形成了合力,促进了资源共享并且能够扩大阅读推广活动的影响范围。只有各层次公共图书馆彼此协助发展,同提升阅读服务能力,才能保障公民阅读权利,为群众提供日益完善的阅读推广服务。

(四)改善阅读推广场所条件

公共图书馆对阅读推广场所的条件进行改善能够为公众提供更加丰富的阅读资源和交流的机会,也为阅读推广方式的多样化提供了有利的条件。改善阅读推广场所条件,需要从政府和公共图书馆自身两个角度进行:一是政府要加强公共图书馆的基础设施建设,使公共图书馆的覆盖范围能够与逐渐壮大的阅读人群规模相适应。尤其要注重对公共图书馆的阅读场所条件进行改善,为举办阅读推广活动创造更好的环境。同时,对于公共图书馆的建设要注重系统化,使其形成省市级、地方级和街道级等不同层次的服务体系,更好地为不同地域级别的群众开展阅读推广活动。二是公共图书馆自身应继续坚持以读者为中心、以需求为导向,在政府注重文化资源建设的背景下,充分利用图书馆的拨款经费、技术和人力资源,通过自建、馆际联盟等方式进行馆藏资源建设,并不断地完善图书馆阅读平台的结构,使其能够满足社会群众的阅读需求,更有效地进行阅读推广工作。

(五)加强阅读推广的相关理论研究

王余光教授对学术界中关于"图书馆与社会阅读"的研究情况进行了翔实的梳理,指出"关于图书馆与社会阅读的研究,还没有构建出一个完整的理论研究体系,该课题的研究对象、研究内容、研究方法等都还没有确定"。他还认为"现有的社会阅读研究往往是'小题大做',只是落实到为数不多的具体案例研究上,研究深度也不够,主要是对图书馆开展社会阅读活动进行总结,理论性并不强"。王波也通过研究表明关于图书馆的阅读推广活动尚无系统的研究报告和专著,两位学者的观点都反映出当前关于图书馆阅读推广领域的理论研究不足。理论研究的缺乏必然会使实践活动缺乏指导和方向,这阻碍了图书馆阅读推广工作的进一步发展,因此,现阶段我们仍然需要加强对该领域的理论研究。

为了加强公共图书馆阅读推广相关理论研究,首先,需要从阅读推广的主客体以及方式等角度来探讨图书馆阅读推广的开展目的、开展方式和效果等问题。其次,公共图书馆应当认识到,阅读推广属于图书馆社会教育的职能范畴,其需要承担起阅读教育的职能。最后,我们需要明确,阅读不论对于个人成长还是国家发展而言,都具有重大价值和深远意义。通过图书馆与阅读推广相关理论的研究,能够使公共图书馆明确自身进行阅读推广工作的意义、对不同读者群体的划分、寻求更有效的阅读推广方式等问题,从而指导阅读推广工作不断发展。

(六)注重用户体验

同质化的互联网信息经过网络平台的多次传播,会降低读者的阅读体验,并对读者的阅读忠诚度和积极性造成不良影响。面对信息同质化的问题,公共图书馆应当重视阅读推广内容的差异化,并通过沟通了解读者的实际阅读需求,及时将新的信息技术和思维用于阅读推广方式的实施过程,为新时代公共图书馆的阅读推广工作注入新的活力。

第一,公共图书馆要传播差异化的阅读推广内容并为读者提供高质量的阅读服务体验。在图书馆的网站、微博等网络平台上,阅读推广的界面设计要做到文字清晰、排版整齐规范。在网络平台上还可以向读者提供阅读的全文链接,以满足"深阅读"爱好者的需求。公共图书馆还要创造属于自己的阅读推广风格,更要重视培养图书馆自己的优质自媒体,注重阅读内容的质量,提倡"深阅读"和多元化阅读,通过创建图书馆本身的原生智力资源来提高自身的差异化竞争力。

第二,公共图书馆应当从多个渠道加强与读者的互动和交流,以了解读者的阅读需求。具体来说,读者可以通过电话、官方网站、微博和微信社交平台等渠道与馆员进行信息咨询和沟通交流。在信息技术的支撑下，公共图书馆在做阅读活动策划时也要事先调查读者的阅读兴趣，充分考虑读者的实际需求，充分调动读者的积极性，才能发展出满足读者需求的具有多样性和时效性的阅读推广方式，进一步推动阅读推广工作的开展。

第三节 数字化图书馆阅读推广方法

2012年12月，马云和王健林关于"未来若干年内，电子商务能否取代传统实体零售"的辩论，虽然还没有最终结论，但2014年"双11"那一天，仅仅阿里巴巴旗下天猫淘宝的销售额就超过500亿元。这促使我们许多人开始重新思考电商在未来若干年能否超过传统商业。由此而来，也将引发我们的焦虑：大数据时代，传统的数字图书馆是否会被新兴的网络资源建设商所取代。提出这个问题，不是危言耸听，也不是蛊惑愚众，这是一个现实存在的问题。

目前，学术资源建设上发展迅猛。例如，中国最大的学术资源建设商，中国知网（CNKI）资源建设已由中国期刊论文逐步拓展到国内外期刊论文、会议论文、学位论文、重要报纸文章、专利、标准等，在图书资源方面，也收录大量图书，不仅提供年鉴、工具书的查询服务，最近还建立了教辅平台。另一重要学术资源服务平台——万方数据知识服务平台，也提供了国内期刊论文、学位论文、会议论文、专利、标准、地方志法规文献、科技成果、图书、行业机构、专家学者等学术资源，还有其他的资源建设商，如维普期刊服务平台等在学术资源建设方面都取得了许多成绩。目前，这些资源建设商所拥有的非图书资源是国内绝大多数图书馆都无法比拟的。我国大多数高校图书馆已经离不开这些资源建设商提供的学术资源服务了。作为以图书提供服务为主的"超星数字图书馆"，由北京世纪超星信息技术发展有限责任公司建设，该数字图书馆包括文学、经济、计算机等五十余大类，拥有数百万册电子图书，500多万篇学术论文，全文总量超13亿页，已经达到一个大型图书馆的藏书规模，假以时日，将会超过目前我国绝大多数图书馆的藏书。另外，该数字图书馆还收藏了近20万集的学术视频,这些收藏对我国传统数字图书馆形成了很大的冲击。①

　　除了以上以文献资源建设为主的学术资源建设商,一些网络资源服务商也开始涉足文献资源。例如,百度已进入学术资源领域,除了百度文库、百度百科等学术资源,还提供数十万种图书供阅读,2014年上线的百度学术搜索更是提供了传统数字图书馆不能提供的学术信息,百度学术搜索是提供海量中英文文献检索的学术资源搜索平台,可以一站式检索到收费和免费的学术文献,是学术研究的好帮手。据测算,目前百度拥有的信息总量超过1000PB,相当于国家图书馆藏书数字化后数据量的5万倍,每天增加的数据量10TB,相当于半个国家图书馆的藏书数字化后的数据量。当然,绝对用百度的数据量和国家图书馆的藏书数据相比较也许不一定合适,因为在数据质量和规范上,国家图书馆拥有更大的优势,而且现在国家图书馆也收藏了许多数字资源、图像视频资料以及互联网上的信息。本文在这里的数据量上的对比,主要为了引起图书馆人的重视,并对图书馆界产生警示。

　　由此可见,这些网络资源建设商在学术、教育、文化资源的建设上发展十分迅速,不论是资源的规模还是资源的种类,已经是图书馆所建的数字图书馆所无法比拟的。这些资源建设商对资源的开发还在深入和拓展,服务的形式将会更加多样化,如此发展下去,数字图书馆将面临很大的威胁,未来发展会受到严峻的挑战数字图书馆将如何生存,如何发展,是否会被取代? 这是图书馆必须要重视的问题。

　　当然,这种挑战也可能成为图书馆的机遇。图书馆必须借助大数据时代这一机遇,转变原有的对资源、资源组织、技术、服务以及职能等方面的认识,重新架构数字图书馆,把挑战变为再一次腾飞的机遇。这即是笔者撰写此文的目的所在。

一、相关研究与启迪

　　大数据时代,人们的思维发生了根本转变。对于数字图书馆而言,也应当接受大数据的思维,为了得到相关研究的启示,笔者检索了国内(CNKI)和国外(EBSCO)全文数据库,同时涉及大数据和数字图书馆主题的文章分别检索出40余篇和20余篇,真正将大数据与数字图书馆密切关

①范并思. 阅读推广与图书馆学:基础理论问题分析[D]. 中国图书馆,2014(5):4—13.

联的文章只有10余篇,其中国外文献只有寥寥几篇。但这些文章对我们思考数字图书馆的未来具有一定启示作用。

（一）国内外相关论述

大数据时代,人们在不断探求大数据与数字图书馆的融合点,国外学者在理念、技术和应用方面做了许多研究。美国加州大学伯克利分校图书馆的 Huwe 在《构建数字图书馆》一文中指出:大数据与图书馆是天作之合,图书馆员对用户进行研究的项目尤其适合大数据,希望能够加强数字图书馆对用户行为信息的采集。

加州大学尔湾分校的 Renaud,麻省理工学院的 Britton 等人借助大数据技术,对使用大学数字图书馆用户的行为进行深度挖掘,并帮助学校对学生阅读行为及相关信息进行关联分析。

在技术方面,美国加州大学洛杉矶分校的 Bergman 等人利用嵌入式技术,在数字图书馆系统中嵌入传感器,采集有关数据,为研究人员开展研究提供数据,为数字图书馆增添了新功能,还有许多学者已经开始关注数字图书馆对大数据中学术信息的采集、处理、关联,使数字图书馆更好地融于互联网,更好地利用大数据。

在国内研究方面也有许多相关成果和理念。如,曾建勋在《数字图书馆论坛》的"大数据与数字图书馆"专辑的卷首语中指出:大数据必将促进数字图书馆数据管理、数据分析、数据使用及数据服务的深层次变革,同时也对图书馆员的职责和意识提出了更高的要求。武汉大学陈传夫等人分析了大数据环境下数字图书馆面临的问题,并从转变观念、发展知识服务、完善财政投入机制、提高图书馆员素质等方面提出了有关建议与对策。上海图书馆的刘炜等人强调在大数据时代数字图书馆应关注大数据与关联数据,展望"大"关联数据和关联大数据两种不同的关联数据在数字图书馆中的应用前景。兰州商学院的陈臣从技术角度探讨如何建立高效的、满足用户个性化需求的数字图书馆搜索引擎,在大数据技术应用于数字图书馆的其他方面也有不少研究,陈花等人研究了大数据环境下数字图书馆的移动服务技术,陈臣、李白杨等浅议了数字图书馆中的大数据存储问题,郭春霞涉猎了大数据环境下非结构化数据的融合问题,王宇鸽等人探讨了数字图书馆中大数据技术应用架构问题等等。

以上研究说明,学界和图书馆界已经意识到大数据对数字图书馆带来的挑战和机遇,也在进行数字图书馆和大数据融合的研究与实践。为了使高校图书馆和公共图书馆的数字图书馆在大数据时代得到更好的发展,并在人们的文化生活和科学研究中发挥更大作用,我们还应当深入思考,转变观念,提升竞争力。

二、启示与思考

学术资源建设商在大数据时代得到迅猛发展,其涉足领域不再限于网络资源和期刊论文,已包括所有类型的文献资源,资源的组织也不再是简单的文献组织,已经将文献间的关联关系(引用、同被引、引用耦合等)、作者与文献的关系、文献的使用信息、学者之间的关系等都建立联系,这些都是传统数字图书馆没有做到的。随着这些学术资源建设商的资源不断丰富,极有可能会超越传统数字图书馆,有取代高校和公共图书馆建立的数字图书馆之势。

因此,图书馆界应当引起重视,把来自资源建设商的威胁当作又一次勃发的机遇。图书馆可以汲取资源建设商的经验,从资源采集的范围着手,扩大数字图书馆的资源范畴,加强各类资源的融合,探索各类资源间的相互关联,并将它们有机组织在一起。在资源价值的发现方面,做到充分发挥数据的作用,对所采集的数据进行深度挖掘,找到其潜在规律,对相关数据进行深入分析,发现其内在价值。从服务角度,图书馆也必须学习资源建设商的一些经验,提供多种多样的服务形式,改变传统数字图书馆被动式(用户要什么给什么)、等待式(用户上门提出需求)的服务模式。

在大数据时代,我们必须要有这样的思维:传统数字图书馆的一切都要变,变得更加适应大数据,能充分运用大数据,把数字图书馆完全融入大数据之中,促进数字图书馆在人们的学习、生活、工作和研究中发挥更大作用。

二、数字图书馆的大数据思维

数字图书馆的大数据思维,即指从大数据的角度考虑数字图书馆的各类问题,把数字图书馆完全融入大数据之中,增加数字图书馆数字产品,提升数字图书馆服务水平,借助大数据技术解决数字图书馆有关问题,把数字图书馆作为"互联网+"的重要分子。

（一）数字图书馆资源建设

大数据时代，数字图书馆的资源建设思路应当转变，应当扩展数字图书馆的资源范围，把数字图书馆资源与整个互联网资源结合为体，强调面向解决复杂问题的资源整合、资源加工的建设思路，树立大数据时代的资源建设观。

1. 拓展数字图书馆资源范畴

数字资源是数字图书馆的立足之本，是提升服务质量和服务水平的保证。长期以来，图书馆都非常重视资源建设，但基本限制在文献型资源上，如图书、期刊、报纸、学位论文、会议论文、专利、标准、科技报告等，大数据时代，必须开拓思维，数字图书馆不仅仅是将上述文献数字化或增加一些数据库资源，还要将一些政府信息、社会关注信息、网络热点信息囊括其中，更需要将用户使用数字图书馆、搜索网络的行为信息作为数字图书馆的采集资源。另外，还应增加对再生资源的生产、汇集和存储，包括经过关联、挖掘分析后形成的各类综合数据真正扩大数字图书馆的数据资源范畴。

2. 增加数字图书馆资源整合的广度

大数据的特点是数据复杂多样，单纯文献信息已不能满足数字图书馆用户的需求，以文献服务为主的资源整合必然向以综合信息服务为主的资源整合发展，为了满足用户的各类需求，我们需要将文献信息、政府信息、社会信息、网络信息、用户信息进行整合，即将数字图书馆资源与社会资源有机关联，尤其是将公众关心问题的社会资源整合到数字图书馆中。另外，还需加强面向复杂问题求解的资源整合。大数据环境下，用户对数字图书馆的期盼，不仅仅限于文献的需求，更希望数字图书馆能够帮助他们解决实际问题，希望能够指导他们解决复杂问题。因此，那种简单的堆积和分类式的信息整合受到极大挑战，只有从决策角度出发，面向复杂问题的资源整合，才能真正满足用户需求。

3. 加强数字图书馆资源组织加工深度

资源的组织加工是对资源的一种整序，其成果是一种资源的知识展现形式。在数字图书馆中，结构化信息（如书目信息）本身具有一定的知识表现形式，但这种知识表现基本上限制在资源库内部。在大数据环境下，我们必须拓展思路，努力将数字图书馆内外的资源建立语义关联，构成面向全社会资源的数字图书馆资源组织架构。

另外,在对图书馆资源的深度加工方面,应能够将信息经由知识解构的加工再深入至知识建构的加工。例如,从文献中分解出知识单元(知识解构),反过来将这些知识单元间或与文献间建立语义关联(知识建构),从而产生新的知识。在知识解构与建构上,除了强调利用数据挖掘技术、软件分析工具外,要特别提升图书情报领域所建主题词表、分类词表的应用能力和共享能力。

在数字图书馆资源组织加工方面,还有一种非文献资源必须得到重视,那就是用户行为信息资源。用户行为信息是数字图书馆知识服务与知识推荐的宝贵资源,需要深度挖掘、有机组织,做到将用户行为数据与文献资源、目标资源以及其他相关资源密切关联起来,使其成为知识服务的高效资源。

(二)数字图书馆技术应用

大数据时代,数字图书馆技术已从处理局部数据转到处理更广域数据。从整个数字图书馆的技术体系来看,包括数据采集、信息处理、组织架构、知识挖掘、分析预测、结果呈现、服务技术等。如何将大数据相关技术应用并融入数字图书馆领域,是数字图书馆领域必须要思考的问题。

1.语义技术

大数据环境尤其需要语义技术,如何使得大量复杂数据建立有机联系,需要靠语义技术来实现。数字图书馆要思考如何将词典(主题词表、分类表等)中的语义自动融入数字文献相关信息中。当然,如此大量的数据依赖人工标注信息间的语义关系是不现实的,必须要借助有关词典,应用人工智能技术、本体技术、语义分析技术等,自动标注数据间的语义关系,使数据间充满语义联系,从而促进所收录资源的知识扩充和知识挖掘。

语义技术在图书情报领域的应用并不是新奇的事情,图书分类法、汉语主题词表等工具本身就是语义关系构筑起来的。但这些工具只帮助我们构筑了文献间的语义关系,很少涉及文献或信息内部知识点间语义关系的建立,然而在大数据环境下对这一点却提出了要求。知识点间的语义关系方便用户的知识获取,建立了通过某一线索借助语义关系获得有用知识的途径。

2.数据聚类技术

聚类是把相近的、有关联的信息或数据聚集在一起的过程。在繁杂、巨量的数据中,聚类是信息高效利用的有效手段之一。在数字图书馆中,更需要充分运用聚类技术,经过聚类的信息资源,将会在信息服务、信息分析和信息利用中发挥更大的作用。聚类不仅仅是对文献信息资源按照某一属性或特征聚集,还可以应用于用户需求,也可以运用于用户检索行为处理和分析。

大数据环境下,真正被利用的数据是很少一部分,聚类技术为这小部分数据的充分利用提供很好的途径。例如,对数据资源的聚类可将它们划分成一个个相互关联、主题相近的小数据集合,这些小数据集合非常适合面向问题的需求,方便用户对信息的检索、选择和分析对用户需求的聚类有助于我们对相近需求的对比分析,帮助用户优化需求,促进其充分表达需求:用户行为的聚类可以发现用户利用资源的行为规律,为用户个性化推荐服务提供数据支撑。

3.信息分析技术

大数据时代的数字图书馆应当能够充分利用信息分析技术。将大数据分析技术融入数字图书馆,并将数据分析作为数字图书馆的一项拓展工作,把分析结果作为向用户提供服务的高端产品,在这些分析技术中,如文献的信息汇编技术,可以为前沿研究领域的跟踪提供支持:联机分析技术(OLAP)可以在线分析用户利用数字图书馆的各类情况,为数字图书馆的管理运作提供数据支撑;还有许多定量定性分析工具与技术,如Hadoop、SPSs、CieSpace都应当在数字图书馆得到充分应用。

4.检索技术

未来数字图书馆的检索技术不能只限于本机构数字图书馆的检索,必须运用网格检索技术实现跨平台、跨资源的无缝检索。这需要构建各数字图书馆间的检索网络,每个数字图书馆能够实现馆内外资源关联检索,并提供网络资源搜索。学术搜索也应成为高校及科研院所数字图书馆提供的服务产品,以促进本单位学术研究,由于数字图书馆的利用与检索基本为自助方式,所以其检索界面应当通俗易用,而且需要有更强的功能,如语义检索、自动理解语言的对话式检索、跨语言检索等。

(三)数字图书馆的产品与服务模式

大数据时代,文献信息已经不能完全满足用户需求,用户需要更加多样化的信息,不仅需要正式出版的文献信息,还需要视频、图像、非正式出版的灰色信息以及网络信息,更有甚者希望获取再生信息。

1.数字图书馆服务产品

学术资源建设商的产品类型越来越多,不仅包括数字图书馆的几乎所有资源,而且还在不断扩充,对数字图书馆的影响越来越大。因此,未来数字图书馆的产品应该丰富多彩,才能更具竞争力。数字图书馆除了提供一次文献、有关网络信息的信息服务外,还应能够提供再生信息的服务,如知识库、方法库、推理库、战略库等智库产品。除此以外,科普教育文化类的视频信息也应成为数字图书馆的重要产品,如百科知识、科普讲座视频资料、历史文化视频讲座、大中小学精品课程视频等。

2.数字图书馆分析产品

大数据时代不缺信息,缺的是解决复杂问题的知识,更缺少对众多信息处理分析、总结归纳后得到的分析信息,这类信息分析产品应作为数字图书馆未来信息服务的高端产品。因此,数字图书馆应注重用户行为分析成果,以帮助了解用户的需求,掌握用户关注主题和学术领域,并结合前沿领域的信息采集和科学分析,确定前沿领域和科学发展趋势。另外,通过用户行为分析也能够将用户经验进行总结推广,还可以发现用户的一些特异行为,对资源的利用分析成果,可以了解资源的价值所在,可以分析资源的缺失情况,还可以得到有关资源利用规律等。

3.数字图书馆服务模式

从传统图书馆到数字图书馆,其服务模式已由被动提供服务为主的模式逐渐转变为自助为主的服务模式。然而,在大数据环境下,这种自助式服务使许多用户虽处在信息的海洋中,却感到迷惘,常常不能得到更不用说及时得到自己最需要的信息。因此,数字图书馆必须改变过去被动式服务和等待式服务的模式,应采取主动推荐式的服务模式。如,根据用户行为有针对性地主动推荐,增加对热点信息或事件的重点推荐,强化定点信息的服务,等等。

另外,数字图书馆的数字参考咨询服务应得到更加快速的发展,未来的数字参考平台不仅仅是数字化,更要智能化。如,将自动应答、用户互答、专家解答相结合,相互间实现自动转换的无缝衔接,使用户切身感受到参考咨询就是自己工作、学习和科研的良师益友。在信息类型的提供方面,数字图书馆应由文献提供为主的模式向多元信息提供的模式转换,如文化遗产、案例信息、综合分析信息、政府信息、声像视频信息,甚至城市社会信息等。

四、数字图书馆定位

大数据时代的数字图书馆应突破传统的图书馆思维,无论是数字图书馆架构,还是数字图书馆的服务理念以及工作重点,都必须有大数据思维,这就要求每一位数字图书馆馆员必须适应大数据时代,勇敢迎接挑战。

(一)跳出传统图书馆资源框架

大数据把我们带到了一个广阔的数据空间。数字图书馆面对的不仅仅是图书、期刊等文献信息,还面对着网络上种类繁多的信息。用户对数字图书馆的各类需求,促使对数据的采集、处理、组织以及服务都发生了很大的变化。我们必须构筑新的数字图书馆资源框架,要有全数据的理念,构建数字图书馆全数据框架。即数字图书馆不仅仅限于文献资源,还应把整个网络资源纳入数字图书馆框架体系,其框架内资源不仅仅限于文本信息,还包括图像视频信息。因此,信息的采集除了传统的订购方式以外,还要采取针对网络的信息自动获取手段;在信息的组织方面,应建立具有语义关系的、数据间联系更加紧密的信息组织框架。

(二)建立全方位服务理念

传统图书馆的服务基本是文献型服务,提供的服务形式多为等待型、被动型的服务。数字图书馆的服务资源已经有了拓展,各类数据库大大丰富了图书馆资源;服务形式也有了不少改观,由被动式的服务转向了自助式的服务。但从大数据时代这一角度出发,数字图书馆的服务理念还需进一步提升,应建立全方位服务理念。其一,面向全社会服务,即高校和科研院所建立的自有版权的数字图书馆内容也应面向全社会服务;其二,提供全资源服务,即提供各种类型信息资源的服务,如文献信息、数据库信息、网络信息、视频信息、分析信息、政策法规、政府信息等;其三,服务方式和传播形式也要进一步拓展,即除了提供用户的自助服务和简答资讯以外,还需加强推送服务、个性化服务,并建立虚拟参考咨询平台,除了提供面向固定网络的服务,还需提供面向移动网络的服务,全面拓展数字图书馆服务。

(三)拓展工作重点

大数据时代,数字图书馆的工作重点要有所拓展,除了把握数字资源建设这一基础工作外,还要提升自己的服务能力。除了继续做好常规服务以外,还需定位一些高端服务,努力把数字图书馆建设成信息分析策动地,密切关注学科前沿领域,同时对国家重大科研计划领域或本单位重点科研领域进行跟踪,并提供科研进展报告,对政府行政、科学决策、科研攻关等提供数据支持。

(四)数字图书馆馆员定位

大数据时代对数字图书馆馆员也提出了更高的要求。每一位馆员应具有对数据的理解分析能力,并立志成为数据分析家:要对大数据技术有一定了解,不一定要求每一位馆员创造技术,但应当学会使用这些技术,尤其需要充分了解大数据运用于数字图书馆的关键技术;能够了解并熟练运用各种数据分析工具和软件;对网络资源能够全面把握,不仅仅是文献数据库,各类数据库都要知会,成为学术资源、网络资源的百事通。

大数据开启了数字图书馆的一次重大时代转型,将拓展数字图书馆的数据资源,提升数字图书馆的能力,增强数字图书馆的服务功能,丰富数字图书馆的服务产品,一个崭新的数字图书馆将会出现在我们的面前。在这样的新环境下,我们应该对数字图书馆有新的理解,在资源框架、技术应用、服务模式等多方面进行思考。

用大数据的思维看待数字图书馆的变革,使未来数字图书馆在大数据环境下,在与学术资源建设商的竞争中,相互依存,共同发展。

第六章 基于不同对象的阅读推广方法

第一节 面向成年人的阅读推广方法

一、政府机构

（一）加强政府对成年人阅读推广的制度保障

1.发动工会、妇联开展成年人阅读推广活动

工会组织是基于共同利益而自发组织的社会团体。新《工会法》于2001年10月27日颁布，其中第七条明确规定：提高职工思想政治素质和文化技术素质是工会的重要职责。因此，政府应当发动工会开展企业内部的阅读推广。通过开展丰富多彩的阅读推广活动，增强工人的文化技术素质，提高劳动生产力，激发一线工人的创造力，为企业的变革创新增添力量。对于工人的阅读推广，书目的选择要符合以下两点：第一，要考虑工人们的文化层次，有针对性地选择阅读书目，尽量选择那些耳熟能详、故事性强的图书进行阅读。第二，要对工人所从事的工种有明确的概念，挑选一些理论性较低，普及型较强的职业工种培训的专业指导书目，尽可能通过阅读培养工人们的文化技术知识及人文素养。活动的形式可以考虑采用沙龙形式，工人可以按照工种、经验、工龄等划分为几个小组，定期轮流举办阅读讨论活动，主题可以是企业文化、企业精神和历史、当下的时事和岗位培训等，通过阅读活动促进工友之间感情交流，提高企业凝聚力；也可以采用讲座的形式，从高校或其他培训机构邀请或聘请专业老师，开展讲座，普及专业知识，提高企业工人文化素养，丰富工人们的精神生活。

我国的妇女联合会的设置覆盖了省、自治区、直辖市，地级市、自治州，县、自治县，以及区级行政自然村。妇女联合会致力于为妇女儿童争取权

益,发展妇女儿童事业。教育、引导广大妇女,开展妇女职业技术培训和多层次的妇女干部培训,全面提高素质,促进妇女人才成长,是妇女联合会的重要职责。同工会一样,妇女联合会也属于群众组织,接受各级党委的领导。因此,政府应发动妇女联合会开展阅读推广活动,普及广大妇女的文化知识,增强自尊、自信、自立、自强精神,全面提高素质,为广大妇女争取更多的权益。一方面,妇女联合会应考虑女性的阅读喜好,提供她们所喜欢阅读的读物,满足她们的精神需求,另一方面,应对她们的阅读方向进行指导,在潜移默化中提升她们的阅读品味。

目前全国有大量的农村留守人口,其中有留守妇女占了一半以上,她们的阅读状况更应该受到关注,由于没有受过高等教育,文化水平低,阅读能力较差。这就要求农村的妇女联合会应广泛重视这一个群体,关注她们的阅读需求,给予人文关怀。政府大力兴建农家书屋、乡村图书馆,普及农村义化基本设施,开展基础的阅读活动。对于这一类成年读者,阅读推广的重点应放在培养她们的识字能力上,只有获得了基本的识字能力,具备了阅读的基本条件,才能开展深度广泛的阅读活动。由于留守妇女丈夫长期在外,她们面临着巨大的生活压力和生理压抑,心灵上缺乏安全感,长此以往导致抑郁、焦虑、恐惧、怀疑等心理病变,使人对生活失去信心,对事情不负责任,容易冲动。因此,选择一些心理学方面的书籍是十分必要的,对她们进行心理疏导,增强、自信、自立精神。

2.制定全国阅读推广规划,开展成年人阅读推广活动

首先,政府应制定相应的全国阅读规划,从整体上把握全国成年人的阅读现状,调查和研究成年人的阅读心理、阅读习惯,了解成年人的阅读需求。只有这样才能做到有的放矢。通过设立多种多样的读书日,号召全社会一起加入阅读的队伍中来;举办阅读竞赛,设立奖励机制,为优秀的阅读者和阅读家庭给予奖励,从而鼓励更多的人多读书、读好书。另外,对于开展的阅读活动,要做好定期评估工作,对参加阅读活动的成年人进行回访,了解他们对阅读活动的评价和看法,及时地提出意见和建议,从而适时地改进阅读活动工作。

各地政府在制定相应的比赛阅读目录时,应适当考虑当地文化及语言特色,做到因地制宜,突出地方文化特色,在提高当地人民文化素质的同时,发扬和传承本土文化。我国是一个多民族的国家,形成了具有多民族

的文化差异,因此,在开展阅读活动时,应尊重当地文化和宗教信仰,加强民族文化之间的交流。如笔者所在的内蒙古自治区,是一个以汉族、蒙古族、满族、回族为主要民族的多民族地区,各民族之间文化、语言都存在较大差异,因此,在制定阅读计划时,要重点考虑各民族的文化诉求及阅读倾向,在语言文字上要照顾到各民族人民的感情。①

其次,由于我国现阶段的基本国情,我国地区文化也存在发展不平衡的现状。国家应该在大力投资开发西部经济的同时,重视西部地区人民的文化发展,做到统筹兼顾,经济、政治文化协调发展。加强中西部偏远地区文化基础设施的建立,使省、地级市、县级市(区)公共图书馆全覆盖,积极促进乡村图书馆的快速发展。发动东南部及沿海地区发达城市向西部地区的文化输送,支援西部地区的公共阅读基础建设,开发文化资源,将先进的阅读推广经验推广到落后地区。

2.加大对全民阅读资源配置的财政投入

阅读推广是近年来图书馆为增强自身公共效益,提升公民文化素质,逐渐兴起的图书馆主流服务,但资金短缺始终是制约全民阅读的一个主要问题,现以江苏省为例,论述江苏在书香江苏的建设过程中的一些宝贵经验。

江苏省在书香江苏的建设过程中,在财政投入上给予充分保障,多渠道筹措资金,加大对阅读空间和阅读资源的倾斜,在丰富图书资源、增设图书馆、扶持民营书店、开办农家书屋等方面多管齐下。国家和江苏在财政方面为全民阅读工作提供多项支持,2013年至2017年,国家对国、民营书店免征图书批发、零售环节增值税;同时,近几年,江苏省所属15家实体书店获中央财政2800万元资金支持,16家实体书店获江苏省财政920万元资金支持;2013年以来,江苏省每年分拨220多万元进行全省居民阅读状况调查;2018年1月,结合实际,南京市全民阅读活动领导小组制定了《南京市支持公益性全民阅读活动专项经费管理办法(试行)》,规定专项经费支持采用"全民阅读活动书香券"的形式,首期书香券补贴经费100万元,从市文化建设事业费中支付,遵循"自愿申请、普惠为主、广泛支持"的原则,使江苏读者在阅读空间和阅读资源方面获得更多实惠。

---

①周秀玲.大数据环境下高校图书馆阅读推广创新模式研究[M].天津:天津科学技术出版社,2018.

1. 积极试点推进农家书屋提升工程

农家书屋在新农村建设和书香江苏建设中的地位举足轻重,农家书屋工程建设工作稳步推进,对于保障农民基本文化权益、满足农民基本文化需求、加强农村公共文化服务体系建设和农村精神文明建设等方面都有重要作用。从2010年第六次全国人口普查结果来看,2011年江苏乡村人口3010万,占江苏省总人口的38.1%。满足占比庞大的乡村人口充分享受阅读资源的要求,提升乡村读者的人文修养和知识水平,对于提升书香江苏的建设水准意义深远,农家书屋是实现这一目标的重要保障。

江苏农家书屋工程始自2009年,一直以来,政府积极主导、农民自主管理、探求创新发展模式,上下联动,取得了非常好的效果。2013年,江苏省多个部门联合发布《关于实施农家书屋提升工程的意见》;2014年5月,江苏省新闻出版广电局发布《实施农家书屋提升工程试点工作办法》;2015年8月,江苏省主管部门发布《关于推进现代公共文化服务体系建设的实施意见》,提出实行农家书屋提升工程,至2020年,农家书屋与县级图书馆的通借通还、资源共享覆盖率要在90%以上,使行政村数字农家书屋基本覆盖。

在此过程中,江苏积极进行资源整合,融合多部门、多地区中的农村文化项目,同步推进。同时,鼓励、支持社会各方参与进来,通过多种途径,力争援助共建,保证农家书屋的可持续发展。2011年,全国农家书屋工程协调小组办公室编写《农家书屋管理员实用手册》中提出,符合条件的农家书屋,可由当地新闻出版主管部门颁发"出版物经营许可证",向新华书店等批发商进货,开展图书代销经营业务,通过强化农家书屋发行网点,显现了农家书屋的经营性功能。2012年底,江苏省新闻出版局和凤凰出版传媒股份有限公司经论证,在满足条件的农家书屋中首批建设200家农家书店,并为每家书店配备书架、手持条码阅读器、图书销售信息管理系统等。采用提点代销方式,向新华书店订购图书,代销工具书、教辅、畅销书等,销售额按一定比例补贴农家书屋;2013年起,江苏在全省范围推进实施农家书屋提升工程;自2014年以来,江苏选取2个省辖市、30个县(市、区)、106个乡镇作为省级试点单位,广泛动员各方力量推动试点地区健全管理队伍、优化资源配置、丰富阅读活动、提升服务质量、加强科学管理等方面率先实践、探索创新、形成特色,取得显著成果。例如,鼓励出版、发行企事业单位与苏北、苏中经济欠发达地区农家书屋结对子,据统计,江苏一度有17家出版社与19家村农家书屋建立结对子帮扶关系,13家发行单位与52家农家书屋也实现结对帮扶,苏南经济较发达地区的乡镇企业也积极与当地的农家书屋结对。社会各界也积极参与捐赠援建农家书屋建设的活动。

政府主管部门根据苏南、苏北经济发展水平不均衡的情况,通过"资金直补"的方式对苏北、苏中提供扶持;对苏南地区则要求从快从好从优发展,这就将苏南、苏北纳入一个统一规划而又分类指导的科学体系中。江苏省新闻出版广电局每年年中、年底都会举办各类试点工作推进会、评选表彰,对先进试点单位在政策、资金上给予倾斜和扶持。农家书屋工程实施伊始,江苏省新闻出版局还采用招标、配送等方式,调动欠发达地区基层农家书屋的积极性,而当其具备一定基础,则又采取资金引导的方式,提高财政补贴额度,为书屋发展注入更强劲动力。

2017年是农家书屋全面建设十周年,截至2017年4月,江苏省社区书屋和农家书屋共计14000多个,全省居民阅读率实现连续三年呈增长态势,超出全国平均水平。2018年1月,国家广播电视总局官网发布《关于农家书屋全面建设十周年先进集体和先进个人表扬的通报》,表彰一批农家书屋十周年建设进程中的先进个人与集体。江苏在这次评选中,获得15个全国示范农家书屋、农家书屋全面建设十周年先进个人3名、全国优秀农家书屋管理员15名、农家书屋全面建设十周年先进集体2个。在全国各省市中综合来看都是很不错的成绩。这是江苏农家书屋建设取得喜人成绩的直接体现和有力证据。

2.引导民营书店良性健康发展

在推动江苏新华书店为主的国有书店改革创新的同时,江苏还创造条件,积极引导、扶持民营书店的健康发展。江苏省新闻出版局秉承两个"一视同仁":一是所有制属性上做到国有、民营一视同仁;二是对民营书业和外资进入发行业一视同仁,对民营书业发展"放心放胆",为民营书店提供一系列优惠措施。江苏民营书店也顺应时代发展趋势,在数十年的探索前进过程中不断壮大自身规模和实力,南京书城、南通书店、南京先锋书店、南通少儿书店等,无论在年销售额还是在经营面积方面,都取得令人瞩目的成绩。

2016年6月,中宣部、国家广播电视总局、财政部等11部委联合发布《关于支持实体书店发展的指导意见》提出,要对实体书店创新经营项目和特色中小书店转型发展通过奖励、财政补助等途径给予支持,特别促进一批具有代表性、示范性的品牌书店做优、做强。在此背景下,江苏省新闻出版局对全省民营书店发展现状进行过多次调研,根据调查结果召开全省民营书店代表座谈会,与民营书店代表面对面交流,直接听取他们的意见建议,为民营书店的发展排忧解难,体现了主管部门鼓励民营书店发展的坚定态度。

受益于良好政策和市场环境,民营书店通过规模经营、联合连锁、特色发展的策略,有序参与市场竞争,满足广大读者需求,促进产业发展。南京书城规模大、品种全,是江苏省内最大的民营书城之一;先锋书店一定程度上是南京城市文化地标和名片,被英国BBC评为"世界十大最美的书店",并以其品牌效应在省内迅速发展直营及加盟连锁门店。位于南京城南老门东的"骏惠书屋",是由先锋书店倾力打造的第十三家分店,于2016年10月中旬正式营业,属于江苏全民阅读活动开展基地之一。从2013年起,凭借良好的社会影响力,先锋书店先后获得财政部实体书店奖励资金、江苏省和南京市两级文化产业资金等累计610万元资金支持。除南京外,江苏其他地市的民营书店发展势头也很不错。截至2016年,江苏各类实体书店的数量大约3300多家,通过面向这些书店开展"最美书店"评选、经典好书推荐等品牌活动,营造了良好的全民阅读文化氛围。

3.培育全民阅读新空间

江苏省人大常委会出台《关于促进全民阅读的决定》,为全民阅读新空间建设提供保证,对公共阅读服务场所及其设施实行免费开放。车站、飞机场、地铁站、公园、宾馆等公共场所应当保证有便利阅读条件,营造书香氛围浓厚的阅读空间。提倡有条件的实体书店延长营业时间,24小时营业更佳。从2013年起,江苏省着力新建和改扩建图书馆和大型书城,组织评选出多家"江苏省最美书店"。此外,还设置了一批公益书吧,创建书香公园。

在一些地市,拓展阅读空间的力度同样可圈可点。徐州设立城乡基层"向日葵"读书点1000余个;苏州25家酒店都建立了"三味书屋";镇江设立社区鸟巢书屋百余个,全部市级机关部门都设有图书漂流角;张家港开设了全天候社区自助阅读图书驿站;泰州市目前设立100多个"漂流书屋"网点,在市区公园景区、游园绿地、广场车站、公交站台、学校医院等场所投放使用,基本覆盖了主城区的所有重要区间,无偿为市民阅读提供便利,丰富群众文化生活。全城共享,通借通还;凤凰出版传媒集团新建一百多家小微型书店网点,涵盖校园、社区、机关等;先锋书店在南京每年举办各类线上阅读推广活动130多场、另有线下活动170多场……这些措施都使得居民有了更多的阅读空间,为阅读活动开展提供了更多便利条件。

(二)支持公共图书馆和民间促读组织的发展

目前,我们国家对于公共图书馆的财政补贴力度还不够,很多图书馆连续几年没有购买新书和新的设备。开展阅读推广活动,无论规模大小,都要投入一定数额的资金,于是,活动经费往往成为一些图书馆开展阅读推广活动的障碍。民间促读组织在这方面更是面临着严峻的难题,许多促读组织都是主办方自掏腰包,一些促读组织已经无力支撑而只能选择解散。因此,国家应在财政预算方面应对公共图书馆和民间促读组织给予一定补贴,从而保障阅读推广活动健康发展下去。同时,以地区为单位,推进以政府购买为主要方式的政府促读模式,在本文中主要是指由政府出资委托相关促读组织为公众提供阅读服务。公共文化服务属于政府服务人民的重要部分,而由促读机构或组织代理这项服务,一方面为政府文化部门减轻了工作负担,另一方面,政府购买会促使促读机构之间相互竞争,推动服务的上升。

二、公共图书馆

(一)充分考虑成年人阅读需求,开展成年人阅读推广活动

1.图书馆应加大对成年读者的重视,调查成年人阅读需求

目前,我国的公共图书馆在阅读推广方面表现较好,其推广对象主要为青少年儿童,尚未开展针对成年人的专项阅读活动。成年人作为社会的建设者,他们的阅读状况应该引起高度的重视。公共图书馆作为人们的第二学堂,就应该履行好为社会大众进行再教育的职责。首先,公共图书馆应深入到社区,通过问卷调查法、访谈法去了解所在地区的成年读者,了解他们的阅读动机、阅读需求、阅读兴趣等信息,根据这些信息制定并开展符合成年人特点的阅读活动。其次,公共图书馆可以制定一些面向成年

人的优惠政策,如借阅书籍优待政策,图书馆可以根据成年人的借阅量,以及他们对书籍阅读的深度(可以通过书评及阅读心得衡量),提高成年人的图书借阅上限,并且推出当月"阅读之星",并给予奖励,组织这些获奖的成年读者外出参观学习。最后,公共图书馆可以和当地企业单位联手共同促进成年人的阅读。公共图书馆为企业单位提供员工图书借阅量等数据,企业单位可将此数据作为员工继续教育的标准来发放员工奖金。这种把阅读与奖金结合起来的方式可以激励更多的成年人阅读。

2.根据成年人的阅读心理,开展成年人阅读推广活动

一般而言,公共图书馆所举办阅读推广活动虽然不少,但活动方式大致为主题书展、赠书活动、读书会、征文比赛、等类型,通常因缺乏创意而无法引起成年人的阅读兴趣。只有针对成年读者的阅读兴趣与需求,提供个性化的服务,才能不断壮大成年读者的队伍,提高成年人阅读能力和文化素养。根据John Allred在《英国成人阅读推广研究》中的调查,成年人阅读的目的主要表现:为休闲而读、为娱乐而读、为课外学习而读。其中为了休闲娱乐而读书的人占很大一部分。图书馆可以在阅览室特设"成年人阅读部",为成年人推荐休闲娱乐类的书籍,如小说、电影电视、音乐艺术类。此外,卫生医疗、法律、家庭烹饪类的图书也很受成年人喜爱。

没有养成阅读习惯的成年人,大致分两种类型:一种是有阅读能力,而没有阅读兴趣;另一种是有阅读兴趣,而没有阅读能力。前者缺乏的是阅读的动机和阅读带来的吸引力,后者缺乏的是阅读的基本条件和阅读技巧。这就要求图书馆对不同类型的成年人读者进行区别,并进行相应的指导。对于前者,图书馆应该从阅读形式和内容的新颖性来进行推广阅读,通过对这类型成年读者的调查分析,确定其阅读心理和动机及读者的喜好,开展形式各样的阅读活动。而对于后者,图书馆作为社会大学堂,应从实现其教育职能开始,培养成年读者的基本识字能力和阅读技巧,分阶阅读,逐步提高成年读者的阅读能力。

总而言之,把握成年人的阅读现状,调查分析成年人的阅读习惯和阅读需求,引导成年人选择适合的阅读素材,以使成年人在阅读符合其自身需求的素材时体会阅读的本质及乐趣,这对于进一步开展阅读推广活动是十分重要的。

(二)运用多种媒介开展阅读推广

资金缺乏和人员短缺的问题一直是图书馆开展阅读活动的掣肘,因此,图书馆应善用社会资源,与社会各界建立双赢的合作关系,以联办、协办等形式谋求更高的合作平台和更广的活动空间,来提升成年读者活动的层次和效果,保障活动顺利实施。针对资金的不足,一方面,公共图书馆可以争取政府的支持,申请阅读专项活动资金;另一方面,可以通过与不同商业机构合作,筹集经费。如与电视电影发行机构合作,很多电影电视都是改编自小说,其中包括金庸、古龙等武侠小说、张爱玲、琼瑶言情小说、莫言、苏童等现实小说,他们的作品大多被改编成了电影和电视剧。因此,图书馆可以寻求与这些影视媒体合作,通过电影电视的宣传,吸引成年人的注意力的同时对图书馆所藏相应书籍加以推广阅读。

公共图书馆可以开展成年人阅读竞赛,通过每月的借阅量及阅读书评,进行评奖,为获奖的成年读者颁发奖品。公共图书馆可以同当地相关企业单位合作,如饭店、电影院、花店、咖啡店等与成年人相关的单位,由这些单位提供奖品,同时,图书馆在宣传阅读竞赛活动的同时为这些单位做广告宣传,双方达到共赢。

(三)加强阅读推广评估

公共图书馆组织的全民阅读活动,不能只满足于做过了,完成了,至于做得如何,效果怎么样却不过问。更有甚者,活动结束了,后续工作跟不上,往往导致阅读推广效果大打折扣。开展成年人阅读推广工作的目的旨在提高成年人阅读能力和文化素养,宣传图书馆,提高成年人对图书馆的认知度,吸引更多的成年人加入阅读的队伍中来,推动全民素质的提高。因此阅读推广活动只是手段而不是目的,只有通过活动及其成年人读书的热情,把被动阅读变成主动阅读,从"要我读"到"我要读",阅读活动才真正发挥了作用。因此评估活动的效果及总结活动经验,对于后续改进工作是十分重要的。

三、民间促读组织

(一)与专业阅读推广机构联合开展阅读推广活动,树立品牌特色

2005年,中国图书馆学会成立阅读推广专门委员会,所属15个专业委员会的200余位专家、学者遍布全国各级学会组织和图书馆,形成一支具

备理论与实践能力的骨干队伍,从事阅读活动的策划、组织、实施和研究工作,为全民阅读的推广提供了重要的、强有力的组织保障和队伍保障。各地民间促读组织应充分利用这些专业资源,并与其建立长期、稳定的合作关系,使其各项活动深入有序地开展起来,形成品牌特色,进而实现其阅读推广的目标。

(二)建立合理的管理制度,促进自身的可持续发展

民间促读机构大多面临着管理模式方面的问题,由于缺乏专业的指导,管理上比较松散。因此,建立一套科学的管理体系对于民间促读组织的长效发展是十分关键的。资金的运作、组织形式、宣传方式等具体问题都应经过深入的思考、借鉴、分析、考证,才能确定下来,只有这样,才能保证民间促读组织犹如活水之泉,源源不断,健康地发展。

(三)多方寻求图书资源,充实促读组织的图书收藏量

民间促读组织除利用有限资金购买图书外,应开展形式多样的活动获取图书,如开展图书漂流、二手书募集、各组织间图书互换和流动图书馆图书资源再利用等活动,此外,可以通过设立"读书基金"形式,动员社会各界爱心人士及出版社等捐赠图书,充实各促读组织的藏书,促进阅读活动的开展。

第二节　面向未成年人的阅读推广方法

一、将儿童阅读列入国家文化及教育战略

2014年3月5日,国务院总理李克强在政府工作报告中提出,"倡导全民阅读","促进教育事业优先发展、公平发展",这表明全民阅读推广已成国家政策。可以预期的是,儿童阅读作为全民阅读的一部分,在国家重视阅读、重视教育的社会背景下,一定会取得新的突破。

儿童阅读是全民阅读的重要部分,儿童阅读状况直接关系到国家未来的竞争力、民族文化的保存与延续,国外很多国家对儿童阅读的重视已经上升到国家战略层面。如美国,1987年里根总统签署法令,将当年定为美

国的"阅读年";1997年克林顿总统作了《美国阅读挑战行动报告》,号召美国全体公民动员一切资源,帮助儿童在三年级结束前达到独立、有效阅读的目标,并建立了一支由百万公民自愿组织的辅导队伍;1998年,美国国会通过了《阅读卓越法》;2001年,小布什总统签署《不让一个孩子落后》法案,对学龄前儿童和学前班至小学三年级的儿童阅读分别出台了"早期阅读优先"及"阅读优先"计划,并规定了财政经费的保障措施。2009年,奥巴马总统签署的《美国复苏和再投资法案》中规定了儿童在小学阶段要开展广泛的阅读活动,并与妻子米歇尔到华盛顿一所小学,为孩子们朗读、送书。再如英国,2008年在全国阅读年发布了一系列计划,如:"图书向前"计划,政府给各地的幼儿园资助500万英镑的图书;为帮助儿童养成阅读习惯,加强亲子关系发起了"阅读起步走"项目,并在全世界多个国家得到了响应和推广。还有日本,1999年8月参众两院通过决议,将2000年定为"学生读书年";2001年年底发布了《儿童读书活动推进法》,明确了国家、地区和公共团体在读书活动中的责任,日本文部科学省也据此制定了"日本中小学生读书活动计划",全方位指导读书活动的开展,并对地方政府落实情况进行监督考核。

可见,将儿童阅读从全民阅读中独立出来,并提升到国家战略高度,既是国际潮流,也是推动儿童阅读的必要手段。我国应从国家层面将儿童阅读推广作为全民阅读的首要任务,将儿童阅读作为全国性工程提升到战略地位,加强儿童阅读法律法规的专指性,对各责任和义务主体要加强考核督促,确保儿童阅读权利的实现。

(一)设立国家级儿童阅读推广机构

建议该机构由国家文化和旅游部、教育部、团中央等部委组成,主要职能为从宏观推进儿童阅读,制定以国家战略推进儿童阅读的政策,保障这项工作长期稳定的开展,整合各个成员单位相关职能与资源,以最大力度推进儿童阅读,策划全国性的儿童阅读推广活动、读书活动,开展全国性的工作评比,进行儿童阅读的工作调研,并适时发布各项指数等。

图书馆是儿童阅读推广的主体,而中国图书馆学会作为我国图书馆事业的最高行业协会组织,已在引领和推动各级图书馆开展儿童阅读推广活动中发挥了极为重要的作用,积累了丰富的经验,在图书馆行业具有强大的影响力和号召力。因此,建议设立的国家级儿童阅读推广机构的实际执行主体由中国图书馆学会担任。①

（二）加快儿童阅读立法，形成保障机制

如前所述，国外多个国家均出台了专门的儿童阅读促进法律法规和纲领性文件，体现了国家对儿童阅读的特别重视。为了突出儿童阅读与成人阅读的差异，建议制定专门的儿童阅读立法，通过立法明确各级政府、学校等与儿童阅读相关主体的责任。

（三）设立儿童阅读基金，加强儿童阅读的财政支持

儿童阅读基金主要用于以下方面：一是儿童阅读大型调研、理论课题研究；二是儿童阅读推广人员队伍的长期和系统培训；三是培育儿童阅读推广品牌试点基地；四是培育儿童阅读推广公益组织；五是改善儿童阅读环境，包括学校阅读环境、家庭阅读环境、图书馆阅读环境等。

（四）构建儿童阅读保障体系

构建以图书馆系统为中心，包括政府部门、出版系统、图书发行系统、儿童教育系统、社区服务系统、儿童健康服务系统等在内的"儿童阅读保障体系"，加大力度整合各种资源，统一筹划资金、人力、合作形成一个完善的服务体系，贯穿儿童从出生到成年的阅读习惯的培养和阅读资源的提供。全国妇联、少年儿童发展基金会、青少年发展基金会等由政府扶持的慈善组织，要重视儿童阅读，将儿童阅读纳入相关战略规划和工作计划，充分利用各类资源，支持图书馆的儿童阅读推广工作。

二、地方政府层面的对策与建议

（一）加强落实儿童阅读权利相关法规规定

在我国，已有多部关于儿童阅读权利的法规，如2008年11月施行的《公共图书馆建设标准》第22条规定，"合并建设的公共图书馆，专门用于少年儿童的藏书与借阅区面积之和应控制在藏书和借阅区总面积的10%～20%"；2011年颁布的《中国儿童发展纲要（2011–2020年）》中明确要求"增加社区图书馆和农村流动图书馆数量，公共图书馆设儿童阅览室或图书角，有条件的县（市、区）建儿童图书馆。'农家书屋'配备一定数量的儿童图书。广泛开展图书阅读活动，鼓励和引导儿童主动读书"。

---

①李丹丹．青少年读书会　文化趣味活动　收藏趣味活动[M]．长春：吉林摄影出版社，2017．

在我国图书馆的馆舍及资源建设责任为各级政府,然而在很多落后地区、农村地区,图书馆并未开设儿童阅览室,或儿童阅览室面积小,儿童的阅读场所得不到保障,阅读资源非常缺乏,阅读推广活动几乎为零,根本无法满足儿童阅读需求。因此,各级政府应重视儿童阅读必需的软硬件建设,积极贯彻落实国家、部委关于保障儿童阅读权利的法律法规和纲领性文件规定。

(二)制定本地区儿童阅读发展战略规划

儿童阅读兴趣和阅读能力的培养,不能一蹴而就,需要长期、循序渐进,不断推进。目前,各地的儿童阅读推广受当地领导个人决策影响较大,主要表现为:对地区文化事业、教育事业重视的领导,当地的儿童阅读就能快速发展,只注重地区经济指标任务建设、忽略居民及儿童文化及教育需求的领导,则有可能会带来地区图书馆事业发展的停滞,儿童阅读推广也难以顺利开展。因此,政府应将儿童阅读的长期发展目标纳入地区战略规划中,并明确分阶段目标、具体实施步骤、启动及完成时间、责任部门、经费来源等予以明确,为儿童阅读推广提供战略与政策的保障。将各级政府支持儿童阅读及推广的情况纳入地方政府考核指标体系,强化各地政府对儿童阅读的重视,改变官员唯GDP的政绩观,切实践行儿童优先原则。

(三)鼓励和培育儿童阅读公益项目建设

我国儿童阅读场所面积与儿童阅读需求有很大差距,且以公共图书馆为主的阅读场所多集中在地区的中心,辐射范围较差,郊区儿童及农村儿童以及经济落后地区儿童的图书馆需求难以满足。为了提高阅读场所的分布密度,方便更多儿童及家庭阅读,地方政府应鼓励本地区企业积极参加儿童阅读公益项目建设,政府可以采取税收优惠、政策优惠、落户优先等措施,调动企业积极性。鼓励企业捐建学校图书室、社区图书室、家庭书架以及阅读推广活动的经费赞助等,提高企业的社会责任意识,在全社会形成关注儿童阅读、支持儿童发展的良好氛围。另外,我国各地已涌现很多热心于公益事业、关注儿童阅读的公益组织,当地政府应主动解决这些组织运行中存在的困难,帮助其发展壮大,与这些公益组织形成合力,共同推动儿童阅读。

三、图书馆层面的对策与建议

（一）加强儿童阅读推广宣传

阅读推广的宣传不到位、儿童和家长对图书馆不了解,依然是我国图书馆儿童阅读推广面临的难题之一。

首先,完善图书馆网站建设。尚未开通图书馆网站、在信息交流方面存在较大障碍,通过开通网站可以增强交流、提高推广的效率;已建设图书馆网站的,也需要通过定期维护从而保证信息及时传递,充分发挥其"窗口"作用;在网站设计及布局方面,建议在图书馆首页醒目位置设置儿童专栏,将儿童阅读推广活动预告及新闻报道、儿童服务项目、儿童服务工作人员、儿童阅读资源、儿童互动平台等加以整合,提供"一站式"服务,避免内容分散,不便快速查找。

其次,创新宣传形式。儿童阅读推广,除了通过资料宣传、媒体宣传、活动宣传等方式,还可以通过制作多媒体宣传片,通过画面、声音、人物、剧情等,帮助读者更深刻地记住图书馆、了解图书馆。清华大学图书馆于近两年制作了《爱上图书馆》系列微电影,江阴市图书馆制作了《转角遇到你》为名的微电影宣传片,都受到很高的评价和积极的反响。图书馆也可借鉴这种阅读推广的新方式,可以为儿童读者量身定制一部微电影,可以用卡通人物形象,也可以请儿童和家长、儿童和老师、儿童与伙伴一起参加拍摄,剧情要活泼、紧凑,传递信息要清晰、易记,并配上图书馆的宣传口号、LOGO以及为鼓励儿童阅读谱写的童谣。这样的宣传无疑比单纯的文字和语言更能吸引儿童。

（二）加强儿童阅读推广人员队伍建设

儿童阅读推广是一项专业性很强的工作,从业人员需要具备阅读理论、图书馆学理论、儿童心理发展理论、儿童认知理论以及非营利组织的营销理论知识等,因此,要使得儿童阅读推广实现预期的效果,必须要有一个专业的人员团队。

1.招聘具有多学科背景的复合型人才

图书馆在进行员工招聘时,建议针对儿童阅读推广及相关工作的需要,优先招聘具有图书馆学知识背景以及儿童教育专业背景的复合型人才,或者是具备营销策划能力的人才,为图书馆策划阅读推广活动,打造积极向上又特征鲜明的形象,逐步将公共图书馆向品牌塑造的道路上推进。

2.招募多学科背景或多行业的志愿者

对于低龄儿童的阅读推广,建议招募具备育儿经验、亲子阅读经验的志愿者;对于青少年儿童,建议招募能指导儿童阅读、辅导作业以及心理健康咨询和引导的志愿者;对于讲故事类的阅读推广活动,建议招募善于表达、善于表演、具有亲和力的志愿者;对于大型活动类的阅读推广,建议招募沟通能力、策划能力及协调能力强的志愿者。只有将最合适的志愿者分配在最合适的岗位,才能最大程度发挥志愿者的作用,也才能对儿童阅读真正起到推动作用。

3.加强儿童阅读推广人员培训

图书馆要为本馆负责儿童阅读推广的人员以及招募的志愿者提供儿童阅读推广专业知识和技能培训的机会,比如,定期邀请专家来馆培训,也可由图书馆与相关专业的阅读推广研究机构、儿童心理研究机构、儿童阅读研究机构等进行合作,为本馆人员及志愿者定制专门的培训计划,以函授课程的方式帮助大家掌握儿童阅读推广必备的知识和技巧。

(三)加强公共图书馆内部合作

通过网站调查发现,在同一地区,凡是有独立建制的少年儿童图书馆,则该地区的综合性公共图书馆为儿童提供服务以及开展儿童阅读推广的力度就相对较小,甚至不为未成年人提供服务。综合性公共图书馆将儿童阅读推广的责任向当地少年儿童图书馆倾斜,是不符合公共图书馆基本理念以及儿童图书馆接待压力太大这种现状的。图书馆与外部系统机构的合作,多以阶段性活动为主,长期、固定的合作关系不多,不能根本解决图书馆缺资金、缺资源、缺人力的问题,而公共图书馆内部如果加强合作,特别是综合性公共图书馆与专门的少年儿童图书馆加强合作,则可以形成合力,为本地区的儿童阅读推广发挥更大的推动作用。本研究认为,综合性公共图书馆与专门的少年儿童图书馆可以从以下几个方面开展合作:

一是共同开展本地区儿童阅读状况的全面调研,共享调研数据,为下一步开展儿童阅读推广工作提供依据;二是共同制定本地区儿童阅读发展规划,制定长期目标和分阶段实施任务,在资源建设、服务对象等方面确定分工和合作;三是资源共享,证卡互通。综合性公共图书馆的馆藏可以以低幼儿童、中学高年级儿童、以及成年人阅读需求为主，一方面可以方便家长带孩子来看书的同时也能找到充足的适合大人阅读的书，另一方面中学高年级儿童的阅读逐渐向成年人过渡，因此可将该年龄段的儿童阅读阵地主要放在综合性公共图书馆；专门的儿童图书馆资源建设主要面向可以独立来馆的青少年儿童，其他年龄段儿童为辅。这样做，综合性公共图书馆与儿童图书馆的资源形成互补，且通过证卡互通形成资源共享，可以在双方都降低经费的情况下提高为读者服务的能力。

第三节 面向弱势群体的阅读推广方法

弱势群体是特殊的群体构成，主要包括少年、残障人士及老年群体。该群体具有共同的弱势特征，是社会应重点关注与帮扶的对象。公共图书馆作为公益文化事业的重要组成部分，在阅读推广服务中必须关注弱势群体，确保阅读推广服务无死角，让群众共享阅读成果，这既是公共图书馆自身建设发展的内在要求，也是社会公益文化事业发展不能忽视的一个方面。因此，基于公共图书馆当前的阅读推广工作，探讨其针对弱势群体的具体服务策略具有现实必要性。

一、面向弱势群体的公共图书馆阅读推广的价值

（一）有效促进公益文化事业的发展

公共图书馆设立的初衷是服务广大群众，为他们提供便捷的阅读服务。因此，公共图书馆必须打破传统服务的局限，不断拓展服务的广度和深度，面向各个群体提供更有针对性和个性化的阅读推广服务，使阅读成为全民共建共享的活动。弱势群体是需要特殊关怀的群体，积极推动弱势群体阅读推广服务的开展，可以提升公共图书馆的服务范围与水平，实现真正意义上的平等阅读、共享阅读，并带动我国公益文化事业的发展，使全民共享精神文明建设的成果。[1]

①郭丽娜.图书馆读者服务与阅读推广[M].沈阳:沈阳出版社,2019.

（二）有利于提升我国民众的文化素养

我国公民的文化素养同发达国家相比还有较大差距，而提升全民文化素养的主要途径就是阅读推广。公共图书馆在新时期承担了更多的责任和义务，如进行文献信息的有效传递、继承文化遗产、优化社会教育等，通过多元化的服务，带动公众文化素养的提升。基于弱势群体的特殊文化需求，公共图书馆要保障弱势群体学习文化的权利，加强对弱势群体的阅读推广工作，满足他们多元化的阅读需求，提升图书资料的利用率，从整体上提升公众的文化素养。

（三）助力现代和谐文明社会的建构

和谐社会的建构是当前社会发展的指导原则，但是，弱势群体无论在经济上还是在文化上都处于劣势。当弱势群体的合理需求不能被满足时，就会激发他们对社会的逆反心理，影响和谐社会的建构。公共图书馆开展面向弱势群体的阅读推广服务，可以更好地推动政府与弱势群体的沟通，使弱势群体也能享受到文化权益，正确认识自身价值，参与社会各项文化建设。全社会只有真正关注弱势群体，才能解决矛盾冲突，实现和谐社会建设的稳步推进。

二、面向弱势群体的公共图书馆阅读推广的既存问题

（一）面向少年儿童的阅读推广既存问题

当前，公共图书馆面向少年儿童的阅读推广主要存在两个方面的问题：一方面是阅读推广的层次性不明显。公共图书馆面向少年儿童的阅读推广忽视了不同年龄段儿童的阅读需求，没有较好地开展分层阅读；服务意识不强，缺乏针对少年儿童读者阅读诉求的精细划分，阅读推广活动的系统性和针对性不强；宣传不到位，在阅读推广活动中处于被动地位，少年儿童的阅读参与率较低。另一方面是缺乏与外界的有效沟通。公共图书馆针对少年儿童开展阅读推广活动时，往往忽略了与外界的沟通，在推广工作中仅以图书馆为主体，活动范围也局限在本馆，这使公共图书馆阅读推广活动的形式单一、资源陈旧、信息滞后，服务范围也受到限制，造成资源的闲置浪费。

（二）面向残障人士的阅读推广既存问题

当前，公共图书馆面向残障人士的阅读推广也存在一定的局限性，主

要表现为无障碍资源建设的不足和服务对象的单一。①残障人士在阅读中有诸多不便,在馆阅读更是受到很多限制,公共图书馆必须考虑到残障人士的特殊需求,加强无障碍资源的建设。然而,目前很多公共图书馆并不重视无障碍设施建设,如盲道设计不合理、书架太高、残障人士拿取不方便,阅读辅助设备更新慢、缺乏定期的维修检查、存在安全隐患多等,阅读服务体验不理想会挫伤残障人士参与公共阅读的积极性。②服务对象单一。残障人士包括听障读者、肢障读者、智障读者、视障读者等,而公共图书馆阅读推广主要服务于听障读者,忽视了其他三类残障人士的阅读推广工作,相当一部分残障人士享受不到相应的阅读推广服务。同时,因前期宣传不到位、宣传手段单一,残障人士无法及时获知阅读推广的信息,使公共图书馆的阅读推广服务处于被动地位。

(三)面向老年群体的阅读推广既存问题

公共图书馆针对老年群体的阅读推广也存在一些问题,如针对老年群体的馆藏资源较少,更新较为缓慢。老年群体的阅读偏好与其他阅读群体存在一定差异,在阅读载体上更倾向于纸质资源,对公共图书馆的数字资源不感兴趣。老年群体比较关注的是养生保健或历史政治类的书刊,而公共图书馆内这部分书刊资源的占比较小,无法满足老年群体的阅读需求。很多老年读者因为行动不便,无法进馆阅读,但目前很多公共图书馆无法提供送书上门服务,限制了老年群体的阅读和学习,这也是公共图书馆老年群体阅读推广中存在的主要问题。

三、面向弱势群体的公共图书馆阅读推广策略

(一)健全法律法规,联合共赢发展

近年来,我国虽然相继出台了《公共图书馆建设用地指标》《公共图书馆建设标准》《公共图书馆服务标准》等,但针对弱势群体的公共图书馆建设服务法律法规仍不健全,而《国际图书馆宣言》则重点强调了公共图书馆基于弱势群体的服务支持。法律法规建设的缺失,使公共图书馆面向弱势群体进行阅读推广时无法可依,导致推广效果大打折扣。因此,我国必须健全公共图书馆的法律法规,重点关注弱势群体的帮扶,法律的出台和制度的健全将为面向弱势群体的公共图书馆阅读推广起到助推作用。法律法规的制定与完善必须充分考虑弱势群体的特殊需求,无论是丰富馆藏

资源、采购辅助设备,还是提供阅读指导和检索帮扶都要对弱势群体有所倾斜,公共图书馆还可以考虑为弱势群体开辟专门的阅读服务区,提供有针对性的阅读推广服务。此外,公共图书馆必须走联合推广之路,加强与其他部门的合作,特别是残联、老年协会等,充分发挥民间组织和志愿者的帮扶作用,全面了解不同类型弱势群体的阅读需求,积极拓宽阅读推广的资金来源,增强活动的影响力。而联合性的阅读推广可以减轻公共图书馆的压力与负担,带动阅读推广的专业化,同时吸引更多的公众参与公共图书馆的弱势群体阅读推广,强化社会服务意识,使面向弱势群体的公共图书馆阅读推广成为全民性活动。

(二)明确服务对象,丰富活动类型

公共图书馆只有明确服务对象才能提供有针对性的阅读推广服务,要针对不同类型的弱势群体提供多样化的推广服务,如针对少年儿童的分层阅读推广,针对视障读者、听障读者的区别性阅读推广等,都要建立在服务对象明确的基础之上。公共图书馆在明确服务对象后,必须组织开展丰富多彩的阅读推广活动,摆脱馆内阅读的局限,充分展现活动的魅力,并确保活动的频次,关注阅读推广活动的实效。笔者认为,近年来比较热门的真人图书馆特别适合弱势群体,可以为他们提供"活"的阅读知识,通过人性化的阅读指导和生动的阅读推广宣讲,让弱势群体获得最佳的阅读体验。公共图书馆也可以发挥信息技术的优势,将微博营销融入弱势群体阅读推广,创新服务方式,丰富服务内容。通过微博营销,公共图书馆能够及时更新和传播弱势群体阅读推广的分类信息,让更多的弱势群体体验到阅读的便捷性,积极主动地参与到公共图书馆阅读服务活动中。

(三)优化馆藏服务,加强馆员培训

面向弱势群体的公共图书馆阅读推广,必须有针对弱势群体的丰富的馆藏资源。除了传统的纸质资源,公共图书馆也要提供数字资源及阅读辅助设备,根据弱势群体的阅读需求合理采购阅读资源,并且充分考虑到不同弱势群体的阅读特性。公共图书馆在丰富馆藏资源的同时也要确保资源的价值,严把质量关,确保阅读推广的成效。此外,公共图书馆更要重视馆员的培养,加强学科馆员队伍建设,组织馆员定期参加培训、交流会,及时学习并借鉴创新的管理思路和模式,同时加强专业考核,引导馆员自觉提升其服务水平和服务技能。馆员必须具备弱势群体特殊关注意识,加强对不同类型弱势群体的专项研究,掌握不同弱势群体的阅读服务需求和特点,并在服务中有所侧重,保证公共图书馆面向弱势群体进行阅读推广服务的实效性。

第七章 图书馆与社会机构合作的阅读推广实践

第一节 与公共部门合作的阅读推广

近年来,随着全民阅读的热潮兴起,阅读推广在全社会广泛开展,各界各层都取得了相当多的实践经验。越来越多的人逐渐认识到,阅读推广作为一项实践性极强的专业活动,要想发展得更好走得更长远,必须得到深入系统的理论支撑,由此学术界针对阅读推广的理论研究也开展得如火如荼。①

一、用户—专家—推广者

用户—专家—推广者模式中专家作为该模式中的渠道,由图书馆作为推广者对学生等用户进行推广,该模式主要以专家进行各方面的讲座为主,学生参与为辅,由著名专家引导学生如何进行正确的阅读或对图书馆的信息资源进行讲解介绍从而提高学生的阅读兴趣。

(一)以高校图书馆部门专家讲座为渠道进行推广

由高校图书馆组织,与学校各部门联合,推动各层级学生积极进行阅读推广讲座。高校图书馆邀请部门专家讲述读书的方式方法、从读书中领悟到做人做事的道理、弘扬传统文化。由高校图书馆所举办的该类讲座,使读者更加深入地了解图书馆所具备的特色资源,使在校学生的阅读和信息使用能力明显提高,且已成为高校图书馆阅读推广活动中的重要组成部分。

"悦读人生·追梦中国"——南京大学第14届读书节闭幕式于2019年

---

① 汤宪振. 高校图书馆数字化阅读推广人文服务体系构建研究[J]. 河南图书馆学刊, 2017,37(03):13—15.

9月27日在仙林校区杜厦图书馆如期举行,该读书节目前已经持续至第十四届。讲座邀请了古籍特藏部的主任,对馆藏古籍的前世今生进行了详细的剖析讲解。该讲座有别于严肃的学术研讨会,讲座中老师会更加注重学生的参与感,使学生近距离接触古籍,将讲座作为提升阅读兴趣的开始。

深圳大学图书馆为提高图书馆文献资源利用率,满足全校师生在教学、科研和学习过程中对查询与利用文献信息资源的需求,图书馆参考咨询部会定期或不定期组织"信息素养教育"系列讲座,邀请各个图书馆的优秀馆员或是全国的各方面的权威专家作为主讲。

(二)以校外阅读推广专家为渠道进行推广

阅读推广方面的著名专家由高校图书馆邀请,对大学生的阅读行为、如何选择图书等一系列问题进行诠释和讨论,基于此次讲座使高校学生的能够积极地参与阅读推广活动,促进阅读行为,再通过媒体的报道,该次讲座的影响力会再次扩大。

河南省图书馆学会副理事长张怀涛老师在郑州财经学院做了题为《在经典中畅享阅读之美》的专题读书报告。该次报告围绕"在经典中畅享阅读之美",以生动活泼的演讲,将开展阅读推广活动的意义、经典阅读的意义等传达给在校师生,使其清楚地了解阅读推广活动。

二、用户—平台—推广者

用户—平台—推广者这模式将平台作为渠道进行阅读推广,该类模式是高校图书馆最为常用模式。高校作为推广者,将需要推广的内容通过以搭建好的平台进行推广,或是通过进行活动平台建设从而推进阅读推广有助于营造校园的良好氛围,提高读者的阅读兴趣,同时有较多的高校图书馆也将其打造成独有的品牌。

(一)以构建校园文化中心平台为渠道进行阅读推广

读书节、读书月等活动是校园文化中心平台的重要组成部分。每届的读书节在保留原本较为经典的节目的基础上,创造性地加入新元素,使阅读推广活动在传承中继续发展。自1995年以来,每年的4月23日被确定为"世界读书日",围绕着"世界读书日"各所高校图书馆均会推出各式各样的读书活动,通过该项活动拟达到为全校师生推荐图书的目的。

郑州大学读书会作为郑州大学的校园文化品牌,从2010年起每年与多个院系联合举办各种读书活动,旨在促进学生阅读,提高阅读兴趣。读书会所承办的青椒书会是为全校师生打造的一个互动式的读书沙龙,以"精英、经典、精品"为目标。"青椒书话"曾邀请优秀青年教师分享读书感悟,让同学们在话家常般的温馨氛围中得到启迪。

(二)以构建线上线下图书推荐平台为渠道进行阅读推广

于2003年11月在南京举行的首届"中国人文家教育高层论坛"。基于此次论坛,2003年11月以来,由河南省高校图书馆情报工作委员会发起的"阅读文化经典,建设书香校园"活动,已经在河南省内多个高校开展。截至2017年,河南省内高校不懈开展"阅读文化经典,建设书香校园",通过此次阅读推广活动,使省内高校学生进一步理解阅读推广活动,同时积极阅读文化经典,提升在校学生的文化修养和阅读兴趣。

河南师范大学的"阅享经典书香师大"好书推荐活动积极响应了高校图书馆情报工作委员会的号召,该活动的开展在全校也掀起了读书的热潮。通过院长荐书、学子荐书等环节鼓励全校师生积极参加,有效推动了师生之间的友谊。

(三)通过构建读者演绎平台为渠道进行阅读推广

图书馆阅读推广方式中最为普遍的就是读书交流,虽然普通,却受到广大师生的欢迎,并且在阅读推广活动占有一席之地。一般的读书交流会被分为两种大的类型:①随意交流型。在举办交流会的前期,通过微博、微信公众平台发布交流会的主题,在现场由主持人作为主体引导交流。这种类型的交流会很容易出现交流深度不够等问题。②深度交流型。此种类型以参加交流会的学生为主体,采用PPT等形式加深交流程度、扩大交流范围。基于上述两种类型,情景演绎读书交流会是将情景剧表演、视频资料播放等一系列要素与交流会相结合,使阅读推广活动过程更加形象,加大对读者的吸引力。

郑州大学图书馆在阅读推广活动中加入了舞台剧表演、视频资料播放等要素,使得阅读推广活动更加深入人心,同时也加深了学生读者对阅读推广活动的兴,积极推动高校图书馆阅读推广活动的发展。这种通过情景表演平台为渠道的推广模式应该掌握开展活动的主动权,从而使活动更加贴近生活,同时也因高校大学生对新鲜事物敏感,该种类型的读书会也受到高校学生的喜爱。

(四)通过构建图书互助平台为渠道进行阅读推广

源于20世纪60-70年代欧洲的"图书漂流",读者可以从多个地点找到所需要的图书,在阅读完毕后,读者可以将书随便放在公共场所,下一个读者可以将其取走,进行阅读。这种在素不相识的人之间传递图书的过程,旨在分享、传播。

2011年4月21日郑州大学图书馆在庆祝第16届世界读书日的同时,河南省首个规范的高校漂流图书阅览室正式开放,也使大学文化更上一个层次。漂流书的借阅非常方便,读者只需将已阅读完成的图书贴上标签,制作成书卡,投至图书漂流会,即可完成。

三、用户—网络—推广者

随着科技的发展用户—网络—推广者这一模式更加为学生读者多接受,现如今进入新媒体时代,高校阅读推广更多基于微信、微博等社交媒体,通过该类社交媒体潜移默化地影响学生阅读。该模式将网络媒体作为渠道,更好地深入学生读者生活。目前多家高校图书馆开通了微信公众平台,读者通过高校图书馆的微信公众平台掌握图书馆所推荐的新书、提供书评,使读者可以积极交流。社会媒体平台作为现如今最受学生欢迎的平台,高校图书馆应借助其影响力来进行阅读推广活动。微信、微博、百度百科等互联网交互平台均是现在学生的主要信息来源,而高校图书馆阅读推广基于这些平台发布数据则能起到较好的效果。目前,高校图书馆建立自身的网站和社交媒体平台的最主要目的是沟通,除了为读者提供最基本的阅读书目之外,该网站还作为一个平台,将在校大学生、老师等进行结合,以便双方进行阅读方面的心得交流。清华大学图书馆推出的虚拟实时咨询模式图书馆智能聊天机器人"小图"就是一个很好的例子,通过"小图",学生可以查询关于图书馆的知识、馆藏图书、百度百科等,在学习之余也可以和小图聊天、谈心。

第二节 与营利机构合作的阅读推广

　　阅读推广最初根植于出版业、图书馆业、教育业等,兼有公共文化服务属性和产业属性。在全民阅读的政策环境下,越来越多营利性组织加入了阅读推广的行列,出现了成功的商业模式,阅读推广产业已经形成并颇具规模。中国新闻出版研究院魏玉山在2004年就指出"阅读不足是出版业发展的最大制约"。相比图书馆行业,产业性质的出版业更加关注阅读推广相关的产业。中国新闻出版研究院张文彦研究员毅然提出了"全民阅读产业",并剖析了全民阅读产业的构成。2018年的"双11"购物节,樊登读书会营业额72小时破2亿,这不仅是资本运营的奇迹,也为阅读推广产业的存在增加了有力的佐证国。关于产业的名称,尽管已有全民阅读产业园、阅读服务业国的提法,本文认为,站在图书馆的角度,"阅读推广产业"这个名称更能直观地反映出"推广"的过程性和方向性,故采用该提法。关于阅读推广产业的边界界定,本文认为,无论是主观上为了实现阅读推广的目的而努力的营利性组织或个人,或者进行阅读相关的产业活动,能推动个人或社会层面的阅读推广目的实现的营利性组织或个人,都属于阅读推广产业。比如,以"喜马拉雅""樊登读书会"为例的阅读推广组织,是阅读推广产业的新生力量。他们借助新媒体技术,既开展公益性质的阅读推广服务,又在这个过程中实现盈利,其盈利规模与阅读推广的效果直接相关。因此,他们有足够的动力去推动阅读推广更快更好地发展。

　　与此同时,图书馆作为推动全民阅读的一支重要力量,其阅读推广存在一定的便利性,也存在一定的局限性。一方面,图书馆相比其他的阅读推广组织,有长期的、固定、专门用于阅读的物理空间,相对庞大且类型丰富的馆藏资源,较为全面覆盖的基础设施,稳定的财政支持,正统的专业的图书馆人才等。另外一方面,图书馆营销具有市场的不可选择性、用户短期获益不明显、图书馆短期获益不明显、行业内缺乏竞争等特点国,这些特点同样适用于图书馆阅读推广。此外,图书馆阅读推广还存在体量大,创新难,有长期稳定的业务导致阅读推广的动力不足等局限性。图书馆为了更好地进行阅读推广,有必要同阅读推广产业进行深度融合,发挥自身优势,弥补自身不足,提高阅读推广的服务效能。清楚地认识阅读推广产业,有助于图书馆自觉地与这一产业融合,从而提高阅读推广效能。为此,本文将阅读推广要素作为分析框架,分析阅读推广产业的要素。进而基于图书阅读推广融合发展的背景、研究与实践现状、存在的问题,提出图书馆阅读推广融合发展策略。[①]

一、图书馆阅读推广融合发展的研究与实践现状

(一)图书馆阅读推广融合发展的背景

阅读推广是一项系统工程,主要推广者有政府、图书馆、出版业、教育业等。图书馆开展阅读推广既是对自身的价值追求,也是业务发展的需要。图书馆公共文化服务的属性导致图书馆阅读推广时有动力不足或者得不到足够经费支持,有必要与其他社会力量合作,走共同发展之路。数字化阅读方式的兴起对图书馆和实体书店、传统出版商都产生了不小的冲击,出版商和实体书店亟须转型也为图书馆阅读推广融合发展提供了契机。另外,2017年3月1日起实施的《中华人民共和国公共文化服务保障法》,2018年1月1日起实施的《中华人民共和国公共图书馆法》,以及江苏省、湖北省、深圳市等地的全民阅读条例都对社会力量参与阅读推广持开放和鼓励的态度。尽管这些法案并未明确具体的参与方式,许多社会组织和个人已经积极响应全民阅读政策的号召,以各种各样的方式自发参与到了这场声势浩大的运动当中,并形成了一定的规模,这为图书馆阅读推广的融合发展提供了良好的基础。

(二)图书馆阅读推广融合发展实践现状

事实上,一些图书馆已经积极地开展了阅读推广的融合发展。目前,图书馆阅读推广融合主要表现在推广者和推广媒介两个维度的融合。

第一,图书馆阅读推广者的融合主要表现在图书馆系统内部的融合、公共文化服务领域的跨界融合、图书馆与公益组织的合作、图书馆与书店的合作等。图书馆系统内部的融合主要是指阅读推广联盟的建立,既包括不同区域同一类型图书馆的合作,比如高校图书馆阅读推广联盟,也包括某一地理区域范围内的合作。公共文化服务领域的融合主要指图书馆跨界融合,比如联合教育局、博物馆、科技馆等单位展开阅读推广,或者学

---

①柳斌杰.新时代,开启全民阅读新篇章[J].新阅读,2019(11):24—26.

校、家庭、社区图书馆"三位一体"的阅读推广模式等明。图书馆与公益组织合作,比如基于文化扶贫的湖南湘西自治州"农家书屋"活动、基于农村留守儿童的广州"满天星公益"乡村儿童图书馆建设等呵。图书馆与书店融合涉及"馆店合一"和"彩云服务"、合作举办活动三种模式"馆店合一"模式是指图书馆为书店提供免费场地,书店则提供新书借阅和购买的便利渠道;"彩云服务"指内蒙古图书馆联合当地书店自主研发的"彩云服务数据交互云管理平台",读者可在其合作的书店直接完成图书馆式的借阅服务,图书馆也可获得读者最新的需求,让读者成为采购的决策者;图书馆与书店联合举办活动,比如青岛市图书馆和新华书店联合举办"阅读即日常"的活动。

第二,媒介融合是指媒介内容融合、渠道融合和终端融合。从阅读推广媒介融合的角度来看,在泛阅读环境下的图书馆阅读推广中,图书馆一方面丰富阅读内容的媒介形式,比如,国家图书馆公众号提供电子书阅览的服务,另一方面拓宽阅读推广的渠道,比如许多公共图书馆长期发送阅读推广相关的文章来影响读者,同时也在该平台上发送线上线下的阅读推广活动通知,降低读者的阅读时间成本,扩大服务的受众面,提高其服务效能。

(三)图书馆阅读推广融合发展研究现状

阅读环境的变化、相关产业的崛起、图书馆阅读推广融合发展实践等情形业已引起了相关领域的研究者的重视。除了案例分析之外,许多学者提出了相关的有益的思考,本文对重点文献进行梳理。司娇娇归纳出图书馆与互联网的深度融合、与图书出版发行业之间的融合、与网络电商的合作、与信用评估、金融机构相结合、与文化休闲类机构相结合、与其他可提供阅读空间的机构跨界合作7种跨界方式。刘术华、谢强国认为,信息服务环境的变化和电子书产业链的扩容导致图书馆在图书服务环节的角色发生了深刻变化,认为图书馆应积极融入电子书产业中,并构建了基于产业链视角的图书馆电子书服务的"四合"模式:联合产业链中的各个角色,整合平台、资源,融合检索、借阅、购买全流程的多终端互动阅读,聚合先进的移动技术。出版领域的研究者张文彦国认为,阅读推广并不是图书馆、教育和出版等力量的割裂行动,而需要阅读多元社会力量进行深度的合作,并提出了普适于阅读推广各参与力量的阅读专业化水平的三级指标体系,一级指标包括阅读内容的占有水平、与受众(读者)的密切水平、阅读活动举办能力、阅读传播能力、与政府合作关系、与专家合作关系、经济实力、阅读设施等。该指标体系有助于阅读推广各方力量分析自己的实力,确认自己在阅读推广领域的定位,从而促进更高效的融合。

(四)图书馆阅读推广发展存在的问题

尽管图书馆阅读推广融合了一些公共文化服务性质的组织和机构,产生了一定的效果。但与阅读推广产业合作较少。除去专门的阅读推广活动方案提供商之外,图书馆与阅读推广产业的合作以线下的书店为主,尤其是大型的国营书店,活动虽有一定成效,但是合作仍然比较少,在真正需要被阅读推广的人群中渗透也较少。

首先,图书馆阅读推广人才不足。为解决阅读推广中的"最后一公里"问题,目前,许多城市已经着手打造15分钟阅读图。尽管许多城市社区图书馆覆盖率高,但是没有配备专业的阅读推广馆员,其中一个原因是图书馆阅读推广专业人才不足。在这种情况下,图书馆阅读推广仅限于满足读者现有的需求,而在刺激新需求的产生方面显得不足,导致以设立社区图书馆为方式的阅读推广效果不佳。

其次,互联网环境下,去中间化的趋势让图书馆的中介功能弱化。这让以图书馆为主要阵地的图书馆阅读推广接触读者的机会变少,影响阅读推广的受众面和效果。尽管许多图书馆为了解决离读者"远"的问题,积极开通了微信公众号、微博等新媒体账号,用以发布消息和提供服务,但是宣传效果并不显著。反观许多营利性阅读推广组织不仅重视阅读推广产品和活动的设计,为了进一步营利,也十分重视营销。

比如,湖北省武汉市洪山区图书馆微信公众号2019年3月20日发布的"我爱图书馆我爱阅读—'洪孩子'走进图书馆文明践行"文章截至3月24日15:51的阅读量为221。而营利性阅读推广公众号"童书妈妈三川玲"同一天发布的文章同一时间阅读量为3802。更为夸张的是,这一数字在阅读推广大咖罗振宇的"罗辑思维"公众号3月20日发布的文章中是10万+。这在一定程度上说明,新媒体环境下,图书馆虽然在物理空间上在全国覆盖范围广,但这并不意味着图书馆会因此在阅读推广中有绝对的优势。再次,泛阅读环境下,读者的需求愈加倾向于个性化。尽管图书馆进行了各种形式的阅读推广,但大都最终还是指向纸质或电子书籍,较为单一,无法满足对新兴的媒介形式敏感的人群,尤其是大学生。在这种情况下,需要阅读推广的、没有良好阅读习惯的人群无法在接受推广之后坚持单一媒介的阅读活动。另外,图书馆阅读推广对于用户的研究往往是活动之后的调研,而非在活动之前,因此活动针对性不强。一方面,图书馆细分阅读用户的动力不足,成效也无法立马显现;另一方面,图书馆所掌握的读者的借阅数据、阅读行为数据不足以支撑图书馆细分潜在的用户并为他们提供个性化的推广服务。

最后,图书馆阅读推广目前的融合深度不够。目前,图书馆在阅读推广方面的跨界融合,主要是限于提高原有用户的图书馆使用体验,包括在书店、商场、咖啡馆、酒店、医院等场所提供服务,涉及阅读空间和阅读内容。在阅读空间融合的基础上,还提供"读者选书、图书馆买单"等功能。创造良好的阅读环境对"使不爱阅读的儿童爱上阅读"帮助较大,对阅读习惯已经成型的不爱阅读的人帮助较小,对"使不会阅读的人学会阅读"这一目的帮助也并不大。因此,尽管图书馆基于互联网,与出版业、文化机构等行业进行了某些方面的深度融合,但是对阅读推广目的实现还远远不够。

二、阅读推广产业的要素分析

(一)阅读推广要素分析

关于阅读推广的概念,学者们开展了探讨,但并未形成统一的定义。阅读推广的定义根据其角度不同,可以分为"使命说""活动说""服务说""要素说"等(本书在前文中已有论述,不再赘述)。其中,"要素说"从阅读推广的组成部分的角度进行定义,是对阅读推广实践的抽象。各要素之间相互联系、相辅相成。张怀涛认为,在阅读推广过程中,阅读推广主体基于一定的阅读推广目的,面向一定的阅读推广对象,选择一定的阅读推广内容,开展一定的阅读推广活动,达到一定的阅读推广效果,即阅读推广的六要素为阅读推广主体、目的、对象、内容、活动和效果。刘开琼运用传播学的拉斯韦尔楼式(5W模式)进行分析,阅读推广包含五类要素:Who(谁)、Say What(说了什么)、In Which Channel(通过什么渠道)、To Whom(向谁说)以及With What Effect(有什么效果),也就是阅读推广主体、阅读者、阅读对象、推广媒介、效果等。除了表述问题外,二者关于阅读推广要素的观点有两点不同:第一,张怀涛的定义中有与效果要素相对应的目的要素,用以指导确定整个阅读推广的方向,这是必要的;第二,张怀涛的定义中强调"阅读推广活动"这一阅读推广的实现方式作为阅读推广的要素,即 How,刘开琼则认为用以联系推广者与推广对象的渠道或媒介是阅读推广的要素。笔者认为,阅读推广活动是联系推广者和被推广者的一种媒介,换言之,阅读推广媒介不止阅读推广活动一种。

谁是阅读推广的主体?这个看似简单的问题却引发了不少争议。从字面意思来看,阅读推广的主体是阅读推广的实施者。故"推广主体说"在阅读推广的早期就形成被普遍接受。但这种观点忽略了推广对象的主观能动性,因此"接受者主体说"应运而生,认为接受阅读推广的读者是阅读推广的主体。这种观点将读者作为价值主体,但是弱化了图书馆等推广者的职能。"泛主体说"认为一切具备传播文化信息资源、组织参与或策划实施阅读推广活动能力的承担者,都可以称之为阅读推广的主体。该观点本质上仍然是以推广者为主体,只是推广者的角色并不固定,会随着推广活动的变化而发生变化。此外,还有"交互主体说",该观点认为阅读推广活动是一个稳定而有弹性的动态文化系统,阅读推广者和接受者在这个系统中是平等的、可以对话的。除此之外,丁冬等依据1987年恩格斯托姆提出的活动理论模型,认为读者为主体、推广的资源为客体、图书馆或个人等组织是参加活动的共同体,规则包括阅读推广的政策、原则、规范和标准等,工具是阅读推广的方法,劳动分工为组织者之间的任务分配,结果是活动的目标。可见,在阅读推广中,主、客体的运用容易引起歧义。为此,本文避开这一问题而采用推广者和接受者的说法。此外,"阅读推广对象"这一概念既可以表示阅读推广接受者,也可以表示阅读推广的内容,同样容易引起歧义,因此也不予采用。推广者向接受者推广的内容要素采用阅读推广内容的表述。综上,本文认为,比较全面且操作性强的阅读推广要素包括以下6个方面:(1)阅读推广目的;(2)阅读推广的推广者(以下简称"阅读推广者");(3)阅读推广的接受者;(4)阅读推广内容;(5)阅读推广媒介;(6)阅读推广效果。即阅读推广者基于一定的阅读推广目的,对阅读推广的接受者推广阅读内容,并用阅读推广效果来评价阅读推广者。其中,阅读推广的目的采用张怀涛的观点,微观层面的目的引用范并思教授的观点:使不爱阅读的人爱上阅读,使不会阅读的人学会阅读,使有阅读困难的人跨越阅读障碍;中观层面的目的是学习型家庭和学习型组织的构建;宏观层面的目的是加快全民阅读的进程,构建学习型社会。阅读推广效果是指在一定的推广者基于一定的推广目的,通过一定的媒介,向被推广者推广一定的内容,在多大程度上达到了阅读推广的目的。

(二)阅读推广产业要素分析

阅读推广产业中的组织有的根植原有的传统出版业、传媒业、文化产业、教育产业等,有的则是阅读推广大环境及信息技术发展催生的专门阅读推广产业,如移动阅读产业、有声阅读产业、内容产业等,涉及内容生产、加工与提供,线上线下平台运营等方面。下面用阅读推广的六要素来分析阅读推广产业的组成部分。

1.阅读推广目的

目的分析可以从"阅读推广"和"产业"两个方面进行。一方面,阅读推广产业的阅读推广目的包括一般阅读推广的微观、中观和宏观三个层面,不再赘述。另一方面,由于其产业性质,最重要的目的是同时培养人们的阅读消费意识、阅读消费习惯,刺激人们的消费行为,从而达到营利的目的。阅读推广产业的两个方面的目的并不是割裂的,而是非常相关的,阅读推广产业只有在培养人们的阅读消费意识、消费习惯的同时,关注人们的阅读水平,重视培养人们的阅读习惯,才能取得可持续的发展。

2.阅读推广者

广义上来讲,阅读推广产业链中的内容提供商、技术提供商、设备制造商、渠道运营商均属于阅读推广者的身份。阅读推广者可以分为直接参与者和间接参与者。营利性阅读推广的间接参与者主要包括阅读推广所需的硬件设备生产商,软件、技术支持,阅读推广活动策划服务提供商等,比如热智(武汉)文化传媒有限责任公司为武汉图书馆提供阅读推广服务的支持。阅读推广产业本质上是"内容为王"的产业。因此,在此仅对内容相关的角色进行详细讨论。其中直接参与者分为两种,一种是以原创内容为特色,一种是以内容集成为主。以原创内容为特色的营利性阅读推广可以由专业组织或个人以及非专业组织或个人打造。专业人士如中央电视台主持人、文学博士类等。非专业人士主要是没有相关背景但是通过各种方式参与阅读推广,并得到"打赏"等形式收益的个人,比如喜马拉雅APP中有许多朗诵爱好者上传自己读诗歌的音频,有固定的粉丝群,同时获得一定的收益。以内容集成为主的营利性阅读推广组织主要是出版商、书商、线上图书销售平台等线上线下的渠道商成立专门的阅读推广组织或者充当阅读推广组织的角色,如微信阅读、当当云阅读等。由于线上阅读推广传播快、受众广、成本低,占营利性阅读推广的比重较大。线下的营利性阅读推广组织多为实体书店,其中注重纸质书、关注人文特色和情怀的独立书店近些年深受喜爱,如西西弗书店。

3.阅读推广内容

阅读推广产业中,阅读推广的内容可以主要有原著和原创内容,其中原著分纸质和电子版本,依据原著加工而成的有音频、视频、话剧、真人秀等不同的媒介形式。改编成其他形式的作品进行推广并不是终点,比如,许多《逻辑思维》的听众在听完罗振宇讲述之后会转而去阅读原著,是跨媒体阅读的一种形式。有研究者将跨媒体阅读分为四个阶段:推送式阅读,拓展式阅读,触发式阅读,共创式阅读,这四个阶段的跨媒体阅读在阅读推广产业中都比较常见。总之,阅读推广产业中的推广内容有两个特点:一是媒介形式丰富,能满足读者的多样化的、个性化的阅读需求。2017年的全国国民阅读调查显示,有声阅读已经成为新的国民阅读增长点。二是阅读推广产业可能基于主导市场而迎合读者的阅读消费需求,或是可以创造读者的知识交流,从而提供许多娱乐化的阅读内容,有阅读推广的最终目的,影响阅读推广的效果。其中,许多用户生成内容的质量尤其参差不齐。

4.阅读推广媒介

阅读产业中的媒介的内涵较为丰富,既包括线上作为阅读推广渠道的各种平台,又包括线上线下的各类型阅读推广活动,也包括线下的阅读空间。线上的阅读推广平台包括图书销售平台、电子书阅读器、社交平台、音频和视频播放平台等,比如喜马拉雅APP、"童书妈妈三川玲"微信公众号等。线下的书店也是阅读推广产业的重要阵地,用以空间的提供和活动的开展。阅读空间提供是书店从图书销售到阅读推广的一个重要标志,有积极响应国家政策的国营书店,如新华书店,也包括积极改革以适应读者需求的新的私营书店形式,如独立书店等。范并思教授认为,服务活动化是图书馆阅读推广的主流形式。线上和线下的阅读推广活动基本可以分为促销活动和文化活动两个类别。比如,促销活动包括"当当读书节""微信阅读"的无限卡销售等,文化活动则是各种主题的某个主题的读书交流活动或者是名人参与的阅读推广活动。不过,促销活动和文化活动常常会结合在一场活动中。总体来讲,在阅读推广产业中,由于技术提供商的参与以及营利目的的推动,相比图书馆阅读推广,媒介形式更加多样化,更加有活力。

5.阅读推广的接受者

在阅读推广产业中,阅读推广的接受者性别、年龄、学历、阅读水平各不相同的读者,也是潜在的阅读消费者,甚至是潜在的内容生产者。在读者需求个性化的今天,提供线下阅读空间可以满足读者追求个性的需求,进而促进阅读和阅读消费习惯的养成。"微信阅读"等线上平台的社会化阅读功能可以兼顾读者的社交需求。

此外,许多将名著结合时下的社会环境进行讲解,以音、视频方式提供,语言又直白易懂,满足碎片化、娱乐化的阅读需求。需要注意的是,满足读者的已有个性化需求是阅读推广产业的一部分,更主要的是通过开发内容产品、举办活动、提供空间引导和发掘用户的阅读需求,改变用户闲暇时间的分配,真正地实现阅读"推广"。

6.阅读推广效果

阅读推广的效果指实现阅读推广目的的程度,既指经济效益,也指社会效益。阅读推广产业的社会效益是指对人们阅读水平、阅读习惯、阅读消费习惯的影响以及对全社会全民阅读氛围的推动。而经济效益即获得的利润。阅读推广产业的经济效益涉及该产业的盈利模式。目前,阅读推广产业的盈利模式主要有以下几种:①用户直接付费模式。②依托社交平台的盈利模式,主要是基于社交平台的"粉丝经济",既包括阅读课程销售,也包括撰写微信公众号文章推荐书目并提供购买渠道,将流量转化为销售图书的收益。③广告收入模式,主要适用于阅读推广者同时处在作为阅读推广媒介的平台上,有发布广告的可能性。④版权运营模式。在融媒体背景下,版权作品被改编成脱口秀、真人秀、话剧、电影、电视剧、游戏等形式,满足不同读者的需求的同时,实现了版权的增值,带来不菲的收益。⑤阅读空间带动盈利模式。阅读推广产业的线下部分,除了常规的促销活动、文化活动之外,提供休闲、舒适的阅读空间是增加营收的一种重要方式。

三、图书馆阅读推广融合发展的策略

阅读推广的各个参与方都各有其优势和不足,图书馆在保持自身优势的同时,适当与阅读推广产业的力量进行阅读推广要素有机融合,减少阅读推广视觉盲区、减少不必要重复劳动、减少政府重复补贴与投资,推动双方的良性发展,实现利益双意。本书尝试从阅读推广要素融合的角度提出产业视域下图书馆阅读推广融合发展的几点策略。

（一）阅读推广目的——不冲突是融合发展的基础

无论是图书馆阅读推广,还是产业性质的阅读推广,阅读推广目的的本质就是改变社会公众闲暇时间的分配,让公众会读书、多读书、读好书、勤思考。为了向阅读推广的目的靠拢,一方面要增加公众的"阅读饥饿感",另一方面是要降低公众的阅读成本。对于图书馆的阅读推广,提高公众的"阅读饥饿感"和降低阅读成本应双管齐下。而阅读推广产业中,提高"阅读饥饿感"、降低时间成本的同时要培养阅读消费意识,才能促进产业的可持续发展。而鼓励阅读消费并不是图书馆阅读推广的反面。笔者在一次小规模的个体从业人员阅读需求调查中发现,经济能力几乎不会是阅读缺乏的制约因素。虽然受访的个体从业人员并不能代表我国的大多数的读者,但可以推断,在出版业发达、阅读资料购买成本相对较低的今天,相比时间成本、所需知识水平、阅读饥饿感,图书和其他形式的阅读推广内容的购买成本并非影响阅读推广效果的一个非常重要的直接因素。因此,图书馆阅读推广并不是产业性质阅读推广的对立面,阅读推广产业中的刺激阅读消费与图书馆的免费服务也并不冲突,而是相互补充的关系,这为图书馆阅读推广和产业阅读推广融合提供了可能性。

（二）阅读推广者——人才的互补是融合的关键

图书馆阅读推广在人才方面优势明显。一方面,图书馆有正统的专业的图书馆人才;另一方面,图书馆及高校图书馆学专业的人才相比产业中的阅读推广人才,理论敏感性强,有一定的科研水平。事实上,在参与阅读推广研究的学科中,由于图书馆领域王余光、范并思等许多专家的学术敏感和不懈努力,使得图书馆学相比出版学、传播学等学科,更早进入阅读推广理论研究领域。保持正统人才专业化的优势,理论研究的优势,可以更好地指导实践。相比起图书阅读推广,产业视域中的阅读推广者普遍

体量较小,容易创新,有活力,双方各有优势。

尽管图书馆人才专业化程度较高,但阅读推广专业人才数量不足,产业阅读推广中的人才显然可以一定程度上弥补这种不足,支持图书馆专业化阅读推广。产业视域下阅读推广的人才可以分为几个类别:擅长书目推荐的人才;擅长内容生产的人才;擅长活动创意策划的人才;擅长营销的人才等。图书馆可以根据人才的类型展开不同类型、不同深度的融合。如擅长活动创意策划和营销的人才适合以政府购买的形式进行短期的融合,擅长书目推荐的人才适合长期合作,如书店的店员。擅长内容生产的人才,如罗振宇、樊登团队,可以以机构形式购买,供读者学习使用,图书馆也可定制讲述内容。除此之外,图书馆可以付费邀请产业阅读推广人才进行人才培训。这些人才也可得到经济回报、影响力提升、参与公共文化服务的正面形象的树立等益处。基于此,图书馆可深化阅读推广品牌的打造,也可推出某一地域范围内,或者某一主题领域范围内的以阅读推广大咖为中心的品牌,用"粉丝效应"带动阅读推广,图书馆阅读推广大咖前期可以由产业阅读推广的参与者担任,后期图书馆可以各种形式培养产生。

相比现有的图书馆内部的阅读联盟,这种融合是跨界融合。相比目前研究中呈现的跨界融合,这种融合不仅是空间和资源层面的,更是阅读推广人才层面的。

(三)阅读推广接受者——融合与分众有机结合

图书馆和阅读推广产业目的有很大一部分是重合的,但是并不意味着二者存在竞争关系。图书馆是保障性的,其阅读推广是立体的,包含环境、资源和服务。从某种程度上来讲,图书馆阅读推广对应的是没有消费能力的或者认为金钱成本比时间成本更重要的人群,目前的重点推广对象是特殊人群。而阅读推广产业的目标用户是有消费能力的,或者认为时间成本更重要的人群,更多的是一般人群。从这个意义上来说,阅读推广产业和图书馆应该选择各自适合的群体进行分众推广,从而达到更高的覆盖率和推广效能。绝对的分众是不现实的,有悖图书馆的公平服务原则,同时也会影响产业阅读推广的经济效益。因此,图书馆和阅读推广产业的阅读推广接受者既是分众的,也是融合的。在大数据与小数据并存的环境下,图书馆可以与阅读推广产业合作开展阅读推广接受者的研究。具体来讲,可依据阅读推广接受者的年龄、地域、收入、社会阶层等人口统计特征,结合读者的阅读行为数据、消费行为数据,构建以阅读推广接受者为中心的阅读推广分众与融合模型,用以提高整个社会的阅读推广效能。

(四)阅读推广内容融合——UGC内容的选择与利用

图书馆的阅读推广的资源系统、可靠,但由于阅读推广人才的缺乏,导致以图书为主,较为单一。针对图书馆为线下的城市书屋、独立书店配置书籍的问题,已经有多位学者提出过,不再赘述。而阅读推广产业中有许多原创内容,较为丰富,但是存在质量参差不齐的问题,尤其是UGC(用户生成内容)。这种状况为图书馆和产业阅读推广的内容融合提供了契机。前文中提到,为了实现阅读推广的目的,需要培养公众的阅读饥饿感。阅读饥饿感的养成需要降低阅读成本来辅助,包括金钱成本、时间成本、知识水平要求等。不同知识水平的用户需要不同层次的内容。当然,降低知识水平要求并不是绝对的,不代表要完全迎合通俗、娱乐化的需求,而是要提供与读者知识水平相当的读物,以提高阅读的积极性。图书馆和阅读推广产业可以就阅读推广内容的分层次以及内容体系构建方面进行合作。如针对UGC内容质量参差不齐的问题,图书馆可以从专业性的角度提供内容审核、分级的服务;作为回报,阅读推广的商业平台可以同内容作者协商版权问题,授权其生成内容用于图书馆的非营利阅读推广。在提高阅读推广商业平台内容质量的同时,可以丰富图书馆的阅读推广内容,推动全社会靠近阅读推广的目的。

(五)阅读推广媒介融合——形式、渠道和终端的全方位融合

媒介融合既是阅读推广的大环境,也是图书馆阅读推广和产业阅读推广的融合路径之一。在媒介融合的阅读环境下,读者对阅读推广的内容媒介形式、终端、梁道都有了更高的要求。图书馆阅读推广和产业阅读推广的媒介融合也可以从这三个方面来尝试,其中重点对阅读。(1)在媒介形式方面,不同媒介形式会调动读者不同的感官。图书馆和阅读推广产业可以在开发和提供不同媒介形式的资源时进行分工和合作。(2)终端的融合也是媒介融合的重要部分。目前,有读者依赖移动媒介终端,如智能手机、平台、电脑等,也有读者偏爱纸质书。图书馆可以资助书店在覆盖率不够的地方开店,还需要对纸本书的环境有所要求,并且要投放kindle、平板电脑等阅读的设备,从而达到终端深度的融合,尽最大可能争取读者的

闲暇时间。而这些终端的投放也可以为书店引流,提高流量转化为营业额的可能性。(3)在渠道融合上,一方面,图书馆可以借鉴产业的营销方法,拓宽自己的营销渠道。比如,图书馆可以与搜索引擎、社交媒体平台、运营商合作,以政府购买的形式投放广告,也可以以冠名作为交换。同时,为了更好地落实这种营销策略,多个图书馆与产业阅读推广者抱团,在上述媒体平台开辟专门的阅读推广专栏,提高图书馆阅读推广影响力的同时,提高媒体平台的公众形象,也为产业阅读推广者争取了议价权。针对原创内容生产者,图书馆可以定期在实体图书馆或图书馆网站上为其提供宣传的机会。同时,原创内容生产者自有的平台也可以用于图书馆活动的发布。这种方式有助于双方影响力的提升和双方阅读推广受众面的扩大,双方的用户也会达到一定程度上的融合。另外,从研究的角度来看,图书馆阅读推广的调查研究以用户研究为主,极少对渠道进行调查分析,如平台的用户活跃度、平台的用户转化率(从收看通知到参加活动)等,而这些正是产业阅读推广所擅长之处。图书馆可以抓取一定地理区域范围内的公开的用户行为数据,或者以政府购买的方式向运营商或者渠道商购买,从而根据用户的行为决定合适的阅读推广策略。或者,图书馆也可将用户行为分析外包给相关的产业阅读推广者。总之,从不同维度进行基于媒介融合的阅读推广,可以拓宽图书馆阅读推广的受众边界。

(六)阅读推广效果——"以评促建"促进融合

"以评促建"是图书馆一直奉行的宗旨。图书馆与产业阅读推广的目的融合、推广者融合、接受者融合、内容融合、媒介融合都有助于阅读推广效果的提升。在此基础上,阅读推广的效果融合主要是指评估机制的融合。一方面,阅读推广虽然是图书馆的价值追求,但是除了少数发达地区的图书馆和国家图书馆、省市级图书馆,基层图书馆与社会力量合作较少,尤其与阅读推广产业中的推广者合作较少。目前已经有许多阅读推广的评价标准,大多是针对某一次的阅读推广活动。本文认为,图书馆阅读推广应有更高层次的、更长效的评价反馈机制,而这种评价机制应当将与阅读推广产业的合作情况列入指标体系,或者专门建立图书馆与阅读推广产业融合的评价指标体系,促进图书馆与产业的融合,达到"以评促建"的效果。

阅读推广是多学科参与研究、多行业参与实践的系统工程。图书馆作为其中的重要力量,需要与多方社会力量进行阅读推广的融合,从而提高阅读推广的服务效能。本文从阅读推广六要素融合的角度,系统分析了图书馆阅读推广融合发展的背景、实践与研究现状及存在的问题,以及阅读产业的轮廓,然后提出了图书馆阅读推广与阅读推广产业融合发展的路径,旨在让阅读推广产业深度融合进图书馆阅读推广服务,成为"图书馆阅读推广的手"。笔者作为图书馆的未来从业者,虽然对图书馆的阅读推广活动有所了解,对阅读推广产业进行了分析,但是未有实际工作经验,也未进行系统的调研,视野难免狭窄,在今后的研究中须改进。

第三节 与公益组织合作的阅读推广

近年来,我国基层社会公益组织蓬勃发展,在有关政策的扶持和自身的努力之下,越来越多地参与到社会公共服务活动中,并取得了良好的成绩和全社会的认同,已成为推动社会不断向前发展的重要力量。阅读推广活动作为我国文化和旅游部门促进全民阅读发展的一项重要活动,一直以来备受社会公益组织的关注。从阅读推广活动目前的发展情况来看,一些地方的公共图书馆已与当地的社会公益组织建立了稳定的合作关系,共同构建了合理的运作模式,并取得了实质性的社会效益。立足于阅读推广活动的长远发展趋势来看,伴随着网络技术以及新媒体的不断发展,公共图书馆已不再是公众参与阅读推广活动的唯一组织者,同时社会公益组织也在寻求新的发展方向,这就为两者共同组织开展阅读推广提供了良好的契机。一方面,社会公益组织可以利用自身的社会影响力,进一步帮助公共图书馆扩大阅读推广活动的社会覆盖面,推动阅读推广活动向全民方向发展;另一方面,图书馆可以利用自身的资源优势和成熟的阅读推广经验,帮助社会公益组织就特定的发展方向开展阅读推广活动,如开展面向农民工、留守儿童、残疾人等社会特殊群体的阅读推广活动。基于此,有必要深入研究公共图书馆与社会公益组织在阅读推广活动方面开展合作的必要性、方向以及存在的问题,从而为完善两者的合作模式奠定基础。①

①孔瑞林.高校图书馆阅读推广研究[M].济南:山东教育出版社,2019.

一、图书馆阅读推广与社会公益组织合作的现状

目前,公共图书馆与社会公益组织在阅读推广活动的开展方面还处于探索发展阶段,但在一些大中型城市已出现了一些成熟的合作模式和经典的案例。例如,基于文化扶贫的湖南湘西自治州"农家书屋"活动、基于农村留守儿童的广州"满天星公益"乡村儿童图书馆建设等。总体来看,两者现有合作,呈现出四方面的特征:

(一)合作模式多样化

公共图书馆与社会公益组织在阅读推广活动方面的合作模式主要包括以下4种类型:

一是委托合作模式,即由公共图书馆提供阅读推广活动的资金、场地和必要基础设施,由社会公益组织负责活动的具体实施,该模式主要用于少儿阅读推广活动。

二是"社会公益组织+总分馆"模式,该模式在运作时,先是由区域内的公共图书馆与社会公益组织共同确定阅读推广活动的主题,再由公共图书馆成立临时分馆协助社会公益组织负责活动的开展、此种模式多见于需要长期入驻基层的阅读推广活动。

三是"公共图书馆+社会公益组织+义务服务者"模式,在该模式下由公共图书馆提供活动的资金、场地和必要的基础设施,由社会公益组织策划活动的具体方案,由志愿者具体参与活动整个过程的实施,例如面向残疾人的阅读推广活动。

四是"公共图书馆+社会公益组织+社会公益基金"模式,在该模式下,由社会公益基金提供活动的经费,由社会公益组织负责活动的宣传和实施,由公共图书馆提供资源和技术指导,例如面向农村留守儿童的广州"满天星公益"少儿阅读推广活动。满天星公益是一家专注于乡村儿童阅读推广的社会公益组织,其公益项目之一是在中国城镇流动儿童密集的社区与当地公共图书馆合作建设公益图书馆。从空间、馆藏、馆员、服务、设备、活动、志愿服务等层面,创设良好的阅读环境,为社区居民打造友好的公共文化空间及社会参与平台,提高读者使用社区图书馆的意愿,帮助读者培养良好的阅读习惯与阅读能力。满天星公益的使命是提高乡村儿童阅读品质,其愿景是让每一个孩子都能发现出色的自我,共同创造丰富多

彩的世界。

本书特以广州市海珠区图书馆为例进行陈述。海珠区占地90平方公里,常住人口达到170万,辖区内共有18个行政街道,265个行政社区。根据《广州市"图书馆之城"建设规划(2015-2020)》的相关要求,海珠区辖区内18个街道文化站图书室需要进行专业化改造,使之成为能实现全市通借通还的基层图书馆分馆。同时,分馆要配备一定数量的工作人员提供对外服务。这是一项非常专业而且投入巨大的工作,特别是工作人员的专业素养以及对社区服务的熟悉程度,将直接影响到基层图书馆的服务水平。为此,海珠区图书馆主动与区内的社会公益机构满天星青少年公益发展中心合作,以共建的形式,共同打造基层图书馆分馆。至2020年止,海珠区图书馆已与满天星公益合作建设了两家图书馆分馆,并计划在2021年共建第三家街道图书馆。海珠区图书馆与满天星公益合作建设的兴仁书院图书馆分馆,是由华洲街龙潭经济联合社提供场地,由海珠区图书馆提供图书与借阅设备,由华洲街文化站提供阅读设施与业务支持,由满天星公益负责日常运营的四方合作项目。该项目的实施,把龙潭村最古老的书院活化为公共图书馆,使历史建筑重新焕发活力,也成为乡村儿童乐而忘返的"悦读天堂"。另外,海珠区图书馆与满天星公益合作建设的华洲分馆,运营面积达到520平方,藏书26000多册,该项目于2019年成功获评广州"最美基层图书馆"称号。满天星公益也通过华洲街的社区图书馆项目,获得了第四届广州社会创新榜——"十佳社会创新项目奖"的荣誉。

由于图书馆与满天星公益在公共文化服务、儿童阅读推广等理念与愿景上均有着高度的一致性,因此在基层图书馆的合作上,双方都能愉快地达成共识,实现合作共赢。

(二)活动开展方式灵活

当前公共图书馆与社会公益组织合作开展的阅读推广活动形式多种多样,既包括传统的讲座、阅读征文、阅读读友会、经典读物推介会、阅读书展等活动,也有"真人图书馆"、优秀读物排行榜、阅读达人秀、阅读知识有奖竞赛、亲子阅读等时尚性和互动性较强的阅读推广活动。从发展态势上看,国内公共图书馆更加倾向于同社会公益组织创新阅读推广活动形式,并进行探索性推广其中较为突出的案例有深圳市少儿图书馆与当地儿童保护组织联合开展的面向孤儿的亲子阅读推广活动、广州市图书馆与广东省华南农村扶贫基金会联合开展的"农家书屋"活动。

(三)资金来源渠道得到拓展

图书馆在与社会公益组织合作时,得到了多渠道资金支持,从而为更好地开展有关儿童阅读的活动奠定了资金基础。主要有以下3个方面:一是由政府提供资金,政府在相关的专项活动中为图书馆提供相应的经费或者在给图书馆划拨经费时包括阅读推广专项;二是图书馆和民间组织自行筹备资金,部分公益性质的民间组织可以通过其社会关系募集资金,例如会员和基金会来募集相关资金,而有些民间组织是带有经营性质的,可以提供部分经费;三是来自企业的赞助,这些企业主要是与图书出版相关的企业。

(四)志愿服务者得到广泛动员

在图书馆与社会公益组织合作进行阅读推广的过程中,志愿者是中坚力量,在绝大部分公益性的阅读推广活动中都能看到志愿者的身影,区别在于深度和广度有所不同。比如三叶草故事会这样的少儿阅读推广活动,主要实施者都是志愿者。同时,公益性的阅读推广活动的主要对象是需要社会帮扶的人群,这就对志愿者提出了基本的要求,要有爱心和耐心,也需要了解帮扶人群的基本心理特征,并且可以在活动中与这些人群进行有效的互动沟通。

二、图书馆阅读推广与社会公益组织合作的意义

(一)提高阅读推广的深度

现代社会环境下,人们工作和生活的步伐日益加速,可用来静心读书的时间越来越少,但科学技术的发展促使阅读方式更加多样化,读书的条件更加便利,使用数字阅读方式的人也越来越多。在数字阅读的过程中,人们不再侧重于追求精神层面的慰藉或者知识方面的扩展,而更多倾向于一些浅显的阅读或者功利性的阅读,从而使阅读的实际效应大打折扣。公共图书馆担负着引领社会阅读的责任,必须立足本职发挥积极作用,引导公众采用正确方式进行阅读,并致力于提高阅读的实际效应。所以,在与社会公益组织合作进行阅读推广时,应该更加重视阅读的深度,以此来触发阅读者的内心世界,打开阅读者的眼界、改变固有的观念并使其精神得到升华,最终使人们真正热爱阅读并主动去阅读。

（二）保障阅读推广的社会公益性

社会的不断进步是需要知识的力量做推动的。虽然当前的社会进步性十分明显,然而从公众的整体知识储备与文化素养情况来说,依然存在不文明现象,由于少部分人群的影响,出现了一些负面问题和麻烦。无论是图书馆,还是社会公益性组织机构,二者的作用都是引导公众树立正确的思想价值观,使其可以为社会创造价值。因此,开展图书馆阅读推广与社会公益组织融合服务,可以针对社会当中存在的不良问题加以正面影响,依靠书籍的力量,让公众逐渐在反思总结中改正曾经的错误,在发挥阅读推广的社会公益作用的同时,完成人文素质的熏陶和教育,纠正不良的社会风气。在此过程中,对具有一定正确思想引导的读物作为主要推广宣传的图书类型,正确引导读者的思想价值观。

目前,部分社会人群的道德意识比较淡薄,再加上自我修养不足等原因导致道德滑坡,从而引发了全社会的关注。公共图书馆和社会公益组织在合作开展阅读推广的过程中,要注重使人们通过有益的阅读反思社会中的一些不良现象,同时反省自身所存在的问题,抑恶扬善,提高人文素质,从而达到优化社会风气的目的。图书馆必须侧重于推广特定的和有针对性的读物,通过这些阅读内容所传达的思想,使读者在日常生活中养成更好的心态和习惯。

（三）强化阅读推广中的传统文化元素

传统经典读物作为传统文化元素传承的基本内容,其中不但蕴藏着中华民族五千多年来智慧的结晶,而且还是历史文化考验的升华,因此对后人具有不可估量的影响。通过阅读传统经典读物,不但能够感受民族文化的内涵,铭记历史,还可以促进经典文化在新时代发挥作用,这恰好符合了阅读推广活动的社会公益要求。因此,公共图书馆可以联合相关的社会公益组织,通过多种途径或方式,进一步培养公众的经典阅读意识,使之养成持久进行经典阅读的习惯,从而营造出良好的经典阅读社会氛围。

在图书馆的众多阅读读物中,拥有传统文化元素的读物内容意义和价值重大,通过读者的阅读和理解,获得相应的文化传承,实际价值不可估量。注重阅读推广中的文化元素凸显非常必要。一方面,我国几千年的文化传统、优秀品质和崇高精神均隐藏在其中,给后世的借鉴和启示价值巨大。另一方面,为了传承优秀的传统文化,有效吸取传统文化当中的精华,通过公众的大量阅读、宣传,使历史光荣事迹印记每位读者的脑中,营造稳定、良好的社会环境氛围,由此可见,加强图书馆与书会公益组织合作时的传统文化元素宣传,以多样化的阅读推广形式,增强民众的鉴赏能力,培养科学的阅读思维及习惯,为全民阅读运动的实施奠定良好的基础。

三、图书馆阅读推广合作中存在的主要问题

(一)合作浅表化

在国内公共图书馆和公益组织合作开展的阅读推广活动中,就组织者和参与者来说,范围比较狭窄,一些社会公益组织或民间人士,如公益行业组织、民间图书馆、出版界公益人士、热衷公益活动的作家和家长等并未得到广泛动员。目前阅读推广活动中的组织者和参与者主要是图书馆、出版单位和相关的学校、机构、媒体等,其中成员较为固定单一,多元化程度较低。如果成员进一步得到拓展,就能提出不同的见解和理念,使阅读推广活动的内容更加丰富,受众人群更广,也能同时提高阅读推广的策划能力,使阅读推广得到创新和发展,促进文化繁荣发展,提高国民的文化素质。

(二)合作创新性不足

国外合作开展的阅读推广活动,模式灵活多变,比如开展各种读书活动,举办小型的专题报告会并进行讨论,开办读者见面会分享各自的心得,向少儿发放适合他们的免费图书,同时也能在社交网站上进行阅读讨论,还有流动的图书大篷车为公众服务,多种多样的推广活动,真正激发了读者内心对于读书的兴趣,使读者渴望读书,进而提高了阅读能力。相比之下,国内合作开展的阅读推广活动没有真正地实现创新创造,模式仍然比较单一,形式大于内容,并没有达到阅读推广的真正作用。

(三)缺乏可持续性发展保障

在保证合作开展阅读推广的可持续性方面,国内图书馆与社会公益组织的经验都比较缺乏,活动推广的范围往往仅限于当地,而且并未就合作的长期开展达成正式的协议或组织框架。特别是一些大范围的阅读推广合作项目,往往只注重一时的社会效益而忽略了如何保证活动长期开展。虽然一些地方图书馆与社会公益组织联合举办的阅读推广活动能够长期

得以坚持,但由于内容过于单一,且合作保障机制流于形式,并没有形成可持续发展的动力支撑。

(四)社会影响力有待拓展

当前,图书馆与社会公益组织所开展的合作阅读推广模式仍缺乏广泛的社会影响力。从一些成功的案例看,多因社会各方人士广泛参与、内容吸引力强、活动宣传途径广泛、活动后社会评价度高等优势而使社会影响力显著。深度拓展合作模式下的社会影响力将会使阅读推广活动具有强大的社会生命力,并会使活动的参与者对其产生长期依赖性。这也是图书馆与社会公益组织在今后合作开展阅读推广活动时所要着重努力的方向之一。

(五)阅读推广方式单一

目前,图书馆和社会公益组织开展阅读推广活动合作的过程中,出现了参与者较少的情况,制约了其影响范围,究其原因,正是因为过于固定、单一化的阅读推广形式,使得合作中开展的阅读活动缺乏一定的吸引力,难以激发读者的兴趣,导致效果不够好,无法得到有关媒体机构的大力支持,最终影响到阅读活动的推广宣传。显然,缺少参与方,使得合作深度严重不足,影响到阅读活动的宣传和推广。同时死板、灵活度不足的读物内容的编制,也让阅读量下降,如何运用多样化的宣传方式,促进合作,将阅读这项工作落实、推广,成为图书馆与社会公益组织未来合作工作当中需要改进的地方。

(六)缺乏政策资金支持

由于图书馆阅读推广在和社会公益组织合作过程中发挥出良好的作用,保持一定长久性显得非常重要。然而鉴于合作双方的经验较少,并且缺少政府部门、社会机构等多方面的政策和资金支持。与此同时,阅读推广合作地区也受限于当地区域,由于资金供应的困难,让阅读推广工作无法扩大范围,久而久之,直接影响到图书馆阅读推广计划的实施。针对部分面临大面积阅读推广任务的合作业务项目来说,常常存在以社会效益作用为重点,却忽视了合作项目的长久保障性的问题。资金供应链的缺少,让很多阅读推广合作项目不得不面临停止合作的风险,由此可见,相关政策资金的支持对于图书馆阅读推广与社会公益组织的融合服务产生的重要影响。

（七）融合服务效果有待强化

现阶段,在图书馆和社会公益性组织进行阅读推广合作的过程当中,已经逐渐暴露出相关的阅读活动推广工作与社会公益组织融合服务效果较小的缺陷,无法对公众产生更好的积极影响效果。根据以往那些在合作阅读推广活动方面取得成功的例子,可以从中获得经验。

以某市图书馆和天使青少年公益机构2016年联合开展的青少年阅读推广与融合服务项目为例,在其实施这一项目时,共选取了该市210名青少年参与基于两机构的图书联合推广,并选取相关图书门类50项供青少年自主阅读,但根据图书馆和天使青少年公益机构的联合统计显示,在该项目结束时,通过测试,真正对具体领域的图书和相关知识具备一定了解的青少年只有53人,仅占所选取青少年数量的25.2%。由此可见,虽然当前图书馆与天使青少年公益机构进行阅读推广融合服务过程中所选取的图书种类繁多,可供选择性提高了不少,然而从具体的融合服务效果来看,仅有少部分青少年可以对某些具体领域的图书与相关知识加以了解和掌握,由此可见,图书馆与社会公益组织的融合服务效果有待强化。

四、图书馆与社会公益组织合作阅读推广策略

（一）制定阅读推广活动合作的基本制度

图书馆与社会相关公益组织携手开展阅读推广活动,需要以阅读推广制度作为保障,并需要持续对其进行完善。图书馆和社会相关公益组织必须在国家制定的全民阅读发展战略下进行制度的完善。一方面,应当以政府政策和相关法律为主导,立足于现阶段的社会阅读现状,即阅读环境、阅读水平和阅读需求等方面的具体情况,确定公共图书馆和社会公益组织在阅读推广活动中想要达到的目标;另一方面,要合理制定出能够满足双方发展需要的阅读推广制度规范,并以此来确定合作开展阅读推广活动的选题范围、合作领域和实施过程中的运作流程,比如开展阅读推广活动的时间、内容、场地和经费来源等。这样才能保证阅读推广活动的顺利开展,达到长期互利共赢的效果。

（二）深入社区基层拓展阅读推广活动的影响力

伴随着我国不断加快的城镇化进程,部分农民工及其子女长期在城市

中生活。这部分人群受工作时间和文化水平的限制阅读机会很少。图书馆和社会公益组织可以在居民社区进行调研,进一步与基层社区委员会和居委会进行合作,了解这部分人群对于阅读的真正需求,并开展相应的推广活动,逐渐建成全面系统的阅读推广模式。就组织方式而言,可以在一些农民工集聚的社区和街道建立阅读推广活动站,定期开展相应的阅读推广活动。例如,南昌市图书馆协同南昌市儿童福利院在南昌市基层长期举办"农民工子女阅读亲子活动",为城区务工农村人员及其子女搭建了良好的阅读平台和交流互动机会。

(三)创新阅读推广活动合作的内容和形式

互联网技术的不断进步,为图书馆与社会公益组织创新合作阅读推广活动的内容和形式提供了新的思路。首先,公共图书馆与社会公益组织可以通过联合建立微信公众平台、微博账号等自媒体方式,定期发布与阅读推广活动相关的知识或宣传内容,定时更新阅读推广活动的具体内容;其次,可以充分利用"互联网+"技术创造出的虚拟化交流平台,使得社会大众同公共图书馆和社会公益组织可以就阅读推广活动的内容,进行无时间和无空间限制的互动交流,这些交流方式可以包括用户体验、产品或服务个性化定制、口碑营销、网络投票等诸多形式;最后,公共图书馆与社会公益组织可以从联合创建阅读推广品牌入手,通过品牌效应进一步扩大阅读推广活动的公众影响力,同时致力于构建多层次、全方位、人文化的品牌服务模式,使社会公众真正地通过公益性的阅读推广活动受益。

(四)完善合作模式下的评价体系

合作阅读推广活动需要建立起完善的阅读评价机制,以此来对阅读推广活动的效果进行检验并对以后的工作进行改进和提高。而完善的评价体系的建立要以深入的调查、分析和研究为基础,并配以内容详实、涉及面广的评价指标体系,以对合作阅读推广活动进行阶段化的评价。目前较为通用的阅读推广评价阶段主要分为前期、中期、后期三个阶段。每个阶段结束之后,都要对评价结果进行认真分析,为形成阅读推广活动的整体评估报告奠定基础。只有这样,才能更加深刻地了解目标人群的阅读状况,从而及时对阅读推广活动进行合理的调整,使阅读推广活动在取得当前效应的同时,保证推广活动的可持续发展。

（五）丰富阅读方式，加大活动推广力度

为了进一步提高图书馆阅读推广和相关社会公益组织的融合服务能力，应该在开展阅读活动推广时，不断丰富阅读方式，加大活动推广力度，使更多的爱好阅读的民众参与到其中，利用良好的阅读推广宣传效果，提升图书馆与社会公益组织的阅读推广融合服务水平。例如：在xx市的图书馆，采用免费开放的管理模式，紧密围绕读者的需求，联合相关政府部门、住宅市区、学校、医院及各类组织机构，在增强阅读推广参与者的同时，组织"全民阅读"的活动，增强广大人民群众的读书热情和积极性，让存在于书籍当中的理论知识，真正为公众所用。同时由于不同读者的兴趣、品位等需求的变化，开展多样化的阅读方式，以便满足不同的读者的具体需要。通过开展科幻类、历史类、人物传记类等不同的主题阅读活动，实现阅读推广目标。当然，图书馆可以借助自身的优势，依靠网络平台，深入挖掘与分析各类读者的喜好、需求，了解当前社会中不同人群的思想意识和状态，掌握哪些类型的读物最受读者欢迎，从而便于后续的改进和完善。从线上、线下两方面入手，创新阅读宣传推广方式，增加和读者之间的情感距离，运用兴趣浓厚的读物，达到吸引并教会读者的目的。此外，以满足读者兴趣为目的，开展个性化的阅读推广活动，真正站在读者的角度，满足其实际的需要。

（六）强化政策资金支持

在阅读推广活动开展的过程中，应以政府部门作为主要的支持主体，落实其职能作用，增加相应的阅读支持经费。例如：针对那些偏远山区民众的阅读情况，组织推广阅读活动，由政府部门出资建设相关的阅读设施，并给予一定的税收和购买补助等，从而利用良好的政策与资金支持，倡导和激励山区人民发起全民阅读的运动，从而发挥出阅读推广活动的良好作用。事实上，早在1998年，我国文化和旅游部便对每年的五月最后一周设置成图书馆的服务宣传周；而在1995年，由联合国教科文机构，将每年的4月23日设定成全球世界读书日。进入新世纪，我国又将每年的12月份作为"全民阅读月"，对图书馆的大力支持非常明显。同时，不断完善图书阅读推广合作机制，有利于图书馆和社会公益组织的融合服务开展。根据国家的相关政策规定指导要求下，第一，紧密结合当下公众的阅读特点和需求情况，进行图书阅读推广合作管理机制的不断健全，从而最终实

现全民阅读的目标。第二,图书馆阅读推广合作工作的开展,应该以符合双方未来的运营需求而实施,精选读物内容,筛选受众群体,拓宽合作范围,提供充足的资金支持,达到对阅读推广合作项目落实的效果。

(七)加强宣传推广,增强融合服务效果

针对以往图书馆和社会公益组织的阅读推广融合服务效果不佳的情况,通过加强宣传推广,发挥出融合服务真正的效果。城市化建设发展的速度变得越来越快,很多农民工涌入到城市当中,由此开始了时间长久的城市工作与生活。鉴于工作性质的限制,再加上自身文化素质较低,导致此群体的读书阅读时间严重不足,难有空闲来到图书馆进行书籍的阅读。通过对城市居民的细致调查可知,这部分群体数量十分庞大。为了改善这一状况,加强阅读的宣传推广,使农民意识到读书的重要性,利用图书馆与相关居民社区的深入合作,结合其读书的需要及接受程度,积极开展图书阅读推广活动,从而提高文化水平,真正形成全民阅读的发展模式。例如:可以对农民工常积聚的场所,以图书馆为主导,联合相关社会公益机构,定期开展阅读活动,并结合农民的工作性质,提供相关书籍的阅读服务,使其获得专业技能的提升,从而在工作中更加得心应手,增强职业技能,发挥出融合服务的良好效果。加强图书馆阅读推广和社会公益组织的融合服务具有重要的作用,有利于我国全民阅读活动的开展。本书通过阐述图书馆阅读推广和社会公益组织融合服务的优势体现,分析了图书馆阅读推广和社会公益组织融合服务发展现状,并指出了其中存在的问题:阅读推广方式单一、缺乏政策资金支持、融合服务效果有待强化,据此提出了二者融合服务的实施途径:丰富阅读方式,加大活动推广力度、强化政策资金支持、加强宣传推广,增强融合服务效果。望此次研究内容和结果,获得相关部门的关注,从而得到相应启示,推进我国图书馆管理改革进程。

公共图书馆与社会公益组织合作开展阅读推广活动是进一步促进全民阅读发展的重要途径之一,同时也将对我国文化的繁荣、公民文化素养的提升起到积极的推动作用。但就当前两者的合作现状来看,仍然存在许多问题,尤其是在合作的机制以及模式方面存在很大的缺陷。伴随着社会的飞速发展,共享共用、合作共赢、创新协作已成为阅读推广发展的必然趋势。因此,公共图书馆与社会公益组织应当在推进阅读推广方面进行深度融合,共同为打造多元化的阅读推广体系做出贡献。

参考文献
REFERENCES

[1]陈宗雁.新媒体环境下公共图书馆阅读推广活动的研究[M].北京中国商务出版社,2019.

[2]戴玉凤.高校图书馆的读书节活动与阅读推广工作[J].图书馆杂志,2015,34(10):40-43.

[3]范并思.阅读推广与图书馆学:基础理论问题分析[J].中国图书馆,2014(5):4-13.

[4]傅春平.公共图书馆智慧服务的探索与实践[M].广州:世界图书出版广东有限公司,2020.

[5]郭丽娜.图书馆读者服务与阅读推广[M].沈阳:沈阳出版社,2019.

[6]姜进."互联网+"时代公共图书馆阅读推广跨界融合服务发展范式研究[J].图书馆学刊,2016(12):66-70.

[7]柯平.公共图书馆的文化功能在社会公共文化服务体系中的作用[M].上海:上海交通大学出版社,2010.

[8]孔瑞林.高校图书馆阅读推广研究[M].济南:山东教育出版社,2019.

[9]李丹丹.青少年读书会文化趣味活动收藏趣味活动[M].长春:吉林摄影出版社,2017.

[10]李明.高校图书馆阅读推广研究[M].北京:朝华出版社,2019.

[11]廖健羽,谢春林.新时代背景下高校图书馆阅读推广的路径研究[J].大众科技,2021,23(8):168-170.

[12]刘汉成,夏亚华.乡村振兴战略的理论与实践[M].北京:中国经济

出版社,2019.

[13]柳斌杰.新时代,开启全民阅读新篇章[J].新阅读,2019(11):24-26.

[14]吕竹君.中国当代图书馆事业中的NGO及其最高实现模型构想[D].南京:南京大学,2012

[15]么雅慧,郑晓红.高校图书馆阅读推广服务机制构建[J].办公室业务,2020,(23):159-160.

[16]汤宪振.高校图书馆数字化阅读推广人文服务体系构建研究[J].河南图书馆学刊,2017,37(03):13-15.

[17]杨启秀.高校图书馆管理与服务创新研究[M].北京:国家行政学院出版社,2018.

[18]翟宁.高校图书馆服务与阅读推广研究[M].北京:北京工业大学出版社,2019.

[19]赵颖梅.阅读推广理论与实践研究[M].成都:西南交通大学出版社,2015.

[20]周秀玲.大数据环境下高校图书馆阅读推广创新模式研究[M].天津:天津科学技术出版社,2018.